Heinrich Hannover

Was der Zauberwald erzählt

Heinrich Hannover

Was der Zauberwald erzählt

Mit Bildern von
Selda Marlin Soganci

Gerstenberg Verlag

Bibliografische Information Der Deutschen Bibliothek
Die Deutsche Bibliothek verzeichnet diese Publikation in der Deutschen Nationalbiografie; detaillierte bibliografische Daten sind im Internet über *http://dnb.ddb.de* abrufbar.

Satz im Gerstenberg Verlag, Hildesheim
Druck und Bindung: Westermann Druck, Zwickau
Printed in Germany

www.gerstenberg-verlag.de

ISBN 3-8067-5068-8

04 05 06 07 08 5 4 3 2 1

Inhaltsverzeichnis

Im Zauberwald

Es ist nicht weit zum Zauberwald. Aber ich war lange nicht da gewesen. Ja, ich hatte fast vergessen, wie schön es dort ist.

Als ich jetzt wieder durch den Wald wanderte, begrüßten mich die Bäume wie einen alten Bekannten. Sie winkten mit ihren Zweigen und die Blätter flüsterten und erzählten mir Geschichten. Ja, die Bäume stecken noch immer voller Geschichten und ich habe ihnen wie gebannt zugehört.

Nicht nur die Bäume haben mir Geschichten erzählt. Auch der alte Förster, der mit seiner Frau mitten im Wald in seinem Forsthaus wohnt, hat allerhand erlebt. Und auch sonst habe ich im Zauberwald viele alte Bekannte getroffen, die inzwischen viel erlebt und mir davon erzählt haben.

Einmal summte mir die Mücke Pieks um die Ohren, die so schön telefonieren kann und deshalb jetzt immer ein Handy dabei hat.

Ein anderes Mal lief mir der Hase Puschelschwanz über den Weg, der gerade den Förster rasiert hatte.

Auch das Pferd Huppdiwupp habe ich gesehen, wie es versuchte über das Forsthaus zu springen. Das hat es natürlich nicht geschafft, aber es wollte mir weismachen, dass es nur nicht in Form gewesen sei.

Frau Klimpermunter hatte sich ihr Klavier mitten in den

Wald tragen lassen, weil die Leute sich über ihr lautes Klavierspiel beschwert hatten. Der kleine Hund Schips heulte dazu die Begleitmusik. Aber das ging nicht lange gut, weil die Tiere des Waldes sich beim Förster über das verstimmte Klavier beklagt haben.

Ja, so fand ich im Zauberwald lauter vertraute Gestalten wieder, die ihr vielleicht schon aus meinen anderen Büchern kennt.

Einmal, als ich nachts im Zauberwald war, habe ich den Mond getroffen. Er kommt viel in der Welt herum und kennt fast alle Menschen. Auch wir sind ja alte Bekannte. Er war schon dabei, als die Sterne in Urgroßmutters Garten eingeschlafen sind. Und ich war dabei, als der Mond im Zirkuszelt geleuchtet hat.

„Hallo“, rief er, „du warst ja lange nicht hier. Wo hast du denn gesteckt?“

„Ja“, sagte ich, „meine Kinder, denen ich früher Geschichten erzählt habe, sind inzwischen erwachsen. Und da brauchte ich viele Jahre keine neuen Geschichten aus dem Zauberwald.“

„Aber jetzt hast du doch Enkelkinder“, sagte der Mond. Denn er ist neugierig und schaut fast jeden Abend in die Fenster, wenn die Kinder schlafen, und zählt genau nach, ob es mehr geworden sind. Und er hört zu, wenn sich die Menschen unterhalten. Darum weiß er so gut Bescheid.

„Ja“, sagte ich, „du hast Recht, ich habe jetzt fünf Enkelkinder und kenne auch sonst noch Kinder, denen ich Geschichten erzählen muss. Und darum bin ich jetzt wieder hier im Zauberwald und lasse mir neue Geschichten einflüstern.“

Da nahm mich der Mond beiseite und erzählte mir gleich ein paar neue Geschichten, die er auf seinen Weltreisen gesehen oder gehört hatte. Er erzählte mir auch von Menschen und von Bewohnern des Zauberwaldes, die ich noch gar nicht kannte. Besonders gelacht habe ich über die Geschichten vom diebischen Füchslein Schlitzohr.

Mir verging allerdings das Lachen, als ich merkte, dass der Fuchs mir die Brille stibitzt hatte. Er hatte sich heimlich herangeschlichen, als ich mich mit dem Mond unterhielt, und mir ganz hinterlistig in die Tasche gegriffen. Als ich es merkte, war er schon verschwunden. Aber ich habe meine Brille inzwischen wieder. Der Hase Puschelschwanz, der mit dem Fuchs Schlitzohr befreundet ist, hat mit ihm ein ernstes Wörtchen geredet und mir die Brille wiedergebracht.

Ja, wenn ich von meinen Spaziergängen im Zauberwald nach Hause komme, dann schreibe ich alles auf, was mir die Bäume, der Förster, der Mond und andere alte Bekannte erzählt haben. Denn ich weiß, dass es Kinder gibt, die die Geschichten aus dem Zauberwald mögen. Lasst sie euch doch abends vor dem Einschlafen vorlesen. Oder wenn ihr schon lesen gelernt habt, könnt ihr sie auch selber lesen.

Die ABC-Gedichte sollen euch dabei helfen.

Wollt ihr wissen, woher ich die ABC-Gedichte habe? Auch die stammen aus dem Zauberwald. Auf meinen Waldspaziergängen habe ich manchmal gelauscht, wenn die Buchstaben sich in den Blättern der Bäume unterhalten haben. Und dann bin ich ihnen nachgegangen, und so habe ich die Buchstabenschule gefunden. Ich habe oft zugehört, wenn Herr Rabenfeder mit den Buchstaben Gedichte gemacht hat. Einige habe ich auch in der Hasenschule bei Herrn Langlöffel aufgeschnappt. Ihr könnt ja mal raten, welche aus der Buchstabenschule und welche aus der Hasenschule stammen!

Euer

Der Hase und das Nashorn

Auf der Wiese sitzt ein Hase
Und der denkt sich was.
Was denkt er denn?
Was denkt er denn?
Er denkt:
„Wenn's regnet, werd ich nass."

In den Wald läuft unser Hase
Und er denkt sich was.
Was denkt er denn?
Was denkt er denn?
Er denkt:
„Hier werde ich nicht nass."

Auf dem Baume sitzt ein Jäger
Und der denkt sich was.
Was denkt er denn?
Was denkt er denn?
Er denkt:
„Jetzt schieße ich den Has!"

Aus dem Walde kommt ein Nashorn
Und das denkt sich was.
Was denkt es denn?
Was denkt es denn?
Es denkt:
„Das ist ein schlechter Spaß.“

Von dem Baume springt der Jäger
Und er denkt sich was.
Was denkt er denn?
Was denkt er denn?
Er denkt:
„Jetzt lauf ich wie ein Has.“

Unterm Baume Has und Nashorn
Hatten großen Spaß.
Was denken sie?
Was denken sie?
„Jetzt wird der Jäger nass.“

Carlotta kriegt ein Brüderchen

Carlotta weiß, dass sie ein Brüderchen kriegt. Aber das Brüderchen weiß noch gar nicht, dass es bald ein Schwesterchen haben wird. Denn das Brüderchen ist noch in Mamas Bauch. Und da ist es ja ganz dunkel. Und das Brüderchen kann mit seinen Augen noch gar nichts sehen. Aber das Brüderchen kann schon hören. Und da kann Carlotta ihm erzählen, wie es auf der Welt aussieht.

„Brüderchen, hörst du mich?“, fragt Carlotta. Aber das Brüderchen kann noch nicht sprechen. Es dreht sich nur in Mamas Bauch herum und freut sich, wenn Carlotta mit ihm spricht.

„Brüderchen“, sagt Carlotta, „ich bin deine Schwester und heiße Carlotta.“ Und das Brüderchen macht die Ohren auf und lauscht und denkt: „Wer ist denn das?“

„Brüderchen“, sagt Carlotta, „du hast auch eine Mama. Und das ist auch meine Mama.“ Und das Brüderchen macht die Ohren auf und lauscht und denkt: „Wer ist denn das?“

„Brüderchen“, sagt Carlotta, „du hast auch einen Papa. Und das ist auch mein Papa.“ Und das Brüderchen macht die Ohren auf und lauscht und denkt: „Wer ist denn das?“

„Brüderchen“, sagt Carlotta, „wir haben auch ein Haus. Da wohnen wir beide drin, du und ich, und auch die Mama und der Papa.“ Und das Brüderchen macht die Ohren auf und lauscht und denkt: „Was ist denn das?“

„Brüderchen“, sagt Carlotta, „wenn du auf der Welt bist, dann kriegst du auch was zu trinken. Dann trinkst du an Mamas Brust.“ Und das Brüderchen macht die Ohren auf und lauscht und denkt: „Was ist denn das?“

„Brüderchen“, sagt Carlotta, „du hast auch ein Bett. Jetzt ist das Bett noch leer. Aber bald schläfst du in dem Bettchen.“ Und das Brüderchen macht die Ohren auf und lauscht und denkt: „Was ist denn das?“

„Brüderchen“, sagt Carlotta, „wenn du ausgeschlafen hast, dann ist es draußen ganz hell. Denn am Himmel scheint die Sonne.“ Und das Brüderchen macht die Ohren auf und lauscht und denkt: „Was ist denn das?“

„Brüderchen“, sagt Carlotta, „du hast auch einen Kinderwagen. Und dann schiebt die Mama dich im Kinderwagen in den Garten oder auf der Straße und ich laufe mit. Denn ich kann schon laufen.“ Und das Brüderchen macht die Ohren auf und lauscht und denkt: „Was ist denn das?“

„Brüderchen“, sagt Carlotta, „du hörst mich ja, aber du verstehst das wohl noch nicht alles. Bleib mal noch ein bisschen in Mamas Bauch. Aber du kannst dich schon auf mich freuen.“

Das freche A

Irgendwo im Wald ist die Buchstabenschule.
Ja, die Buchstaben müssen natürlich auch lernen, wie sie heißen. Ihr Lehrer ist Herr Rabenfeder. Der putzt sich seine Brille mit den schwarzen Flügeln und dann geht es los.
„Zuerst lernen wir das A“, krächzte Herr Rabenfeder und machte „Aaaaaaa!“
Und alle Buchstaben machten es ihm nach und riefen „Aaaaaaa!“
Nein, einer war dabei, der rief „Iiiiiii!“
„Wer war das?“, krächzte Herr Rabenfeder.
„Ich“, rief das A.
„Sag mal Aaaaaaa!“, krächzte Herr Rabenfeder.
„Iiiiiii!“, rief das A.
„Donnerwetter, du sollst Aaaaaaa sagen!“, krächzte Herr Rabenfeder und flatterte mit den Flügeln.
„Iiiiiii!“, rief das A.
„Bist du so dumm oder bist du so frech?“, fragte Herr Rabenfeder.
Da blieb das A stumm.
„Na gut“, krächzte Herr Rabenfeder, „dann versuchen wir es mal anders.“ Er putzte sich noch mal seine Brille und dann krächzte er: „Ruft mal alle Iiiiiii!“
Und da riefen alle Buchstaben „Iiiiiii!“

Nein, einer war dabei, der rief „Aaaaaaa!“
„Wer war das?“, fragte Herr Rabenfeder.
„Ich“, sagte das A.
„Das dachte ich mir“, krächzte Herr Rabenfeder, „aber schön, dass du nun auch weißt, wie du heißt. Dumm bist du also nicht, nur ein bisschen frech.“

Aa

Das Apfelgedicht

Der **Apfel** wächst am **Apfelbaum**,
In **Afrika** gibt es ihn kaum.
Dort können sich die **Affen**
Nur **Ananas** beschaffen.

Der abgestürzte Engel

Ihr wisst ja, dass jedes Kind einen Schutzengel hat, der aufpasst, dass dem Kind nichts Schlimmes passiert. Aber Engel sind neugierig, und so kommt es, dass sie manchmal doch nicht aufpassen.

Augenstern war ein besonders neugieriger Engel. Und ein-

mal, als er eigentlich auf ein Kind aufpassen sollte, schaute er in die Luft. Denn da brummte etwas und wurde immer lauter. Und dann sah er, was da herangeflogen kam: ein Hubschrauber. So etwas hatte Augenstern noch nie gesehen. Und er breitete seine Flügel aus und flog hinauf zu dem Hubschrauber.

Natürlich haben Schutzengel auch einen Schutzengel, denn sie sind manchmal genauso neugierig und unvorsichtig wie Kinder. Aber heute war Augenstern ohne Schutzengel unterwegs.

Und weil er so neugierig war und genau wissen wollte, warum der Hubschrauber so laut brummte, flog er ganz nahe heran.

Und plötzlich machte es bruch! Und da war Augenstern mit dem linken Flügel in den großen Propeller geraten, der sich über dem Hubschrauber dreht und ihn durch die Luft trägt. Und da war der linke Flügel gebrochen und es fehlten einige Federn.

Sssssssumm! sauste der Engel zur Erde und schlug ziemlich unsanft auf. Er hatte noch Glück, dass er am Waldrand auf weiches Moos fiel und dass seine übrigen Knochen heil blieben. Aber sein Kopf hatte doch so einen Stoß gekriegt, dass der Engel besinnungslos wurde.
Das Kind, auf das Augenstern aufpassen sollte, hatte gesehen, wie der Engel heruntergestürzt war, und lief schnell zu ihm hin.
Als es sah, dass der Engel da wie tot lag und sich nicht rührte, kriegte es einen Schreck.
„Bist du tot?“, fragte es.
Aber der Engel gab keine Antwort.
„Oder bist du bloß ohnmächtig?“ Aber der Engel blieb stumm.
Da rannte das Kind zum Försterhaus und klingelte den Förster heraus. „Kommen Sie schnell“, rief das Kind, „da ist ein Engel abgestürzt und liegt wie tot am Waldrand.“
„Was?“, fragte der Förster. „Ein Engel? Das gibt es doch nicht.“
„Doch doch“, sagte das Kind, „holen Sie nur gleich Ihr Auto, damit wir den Engel ins Krankenhaus bringen können.“
Na, der Förster holte sein Auto aus der Garage, das Kind kam in den Kindersitz, und dann fuhren sie zu der Stelle, wo der gestürzte Engel gelegen hatte.
Aber da lag kein Engel mehr.

„Das habe ich mir doch gleich gedacht", sagte der Förster. „Aber hier hat bestimmt der Engel gelegen", sagte das Kind.
Da nahm der Förster sein Fernglas vor die Augen und sah in den Himmel. Und siehe da! Da verschwanden gerade drei Engel hinter einer Wolke. In der Mitte der Engel mit dem gebrochenen Flügel und rechts und links zwei Engel, die ihn trugen.
„Du hast doch Recht gehabt", sagte der Förster. „Da war wirklich ein Engel mit einem gebrochenen Flügel. Und jetzt haben ihn seine Schutzengel abgeholt."
„Die hätten mal eher kommen sollen", sagte das Kind, „dann wäre das Unglück gar nicht passiert. Er ist nämlich mit dem einen Flügel zu nahe an den Hubschrauber gekommen."
„Ja", sagte der Förster, „manchmal kommen die Schutzengel zu spät".
Sie wollten gerade wieder ins Auto einsteigen, da sah das Kind ein paar Federn im Moos liegen. „Die sind bestimmt von dem Engel", sagte es und nahm sie mit.
Zu Hause wollten die Geschwister die Geschichte mit dem Engel nicht glauben. „Du spinnst ja", sagten sie. Aber dann holte das Kind die Federn hervor. Und siehe da! Sie waren aus purem Gold.
Und was ist aus dem abgestürzten Engel geworden? Der ist im Himmelskrankenhaus von Doktor Wolkenbruch wieder

zusammengeflickt worden. Und immer wenn er als Schutzengel zur Erde kommt und auf ein Kind aufpassen muss, nimmt er gleich seinen eigenen Schutzengel mit.

Bb

Der kurzsichtige Bär

O-tibbele-tabbele-tobbele-teer,
Es war einmal ein kleiner **Bär**.
Der hat' seine **Brille** vergessen
Und hätt' doch so gern was gefressen.
Da sah er – o-trippele-traum –
Im Garten den hohen **Baum**.
Er dachte – o-kippele-kirnen –:
„Der **Baum** hängt bestimmt voller **Birnen**."
O-wibbele-wabbele-wettern,
Und so fing der **Bär** an zu klettern.
Doch – o-tibbele-tabbele-tirke –
Der **Baum**, der war leider 'ne **Birke**.

Die Mücke Pieks spielt Klavier

Frau Klimpermunter spielte so gern bei offenem Fenster Klavier. Denn die Nachbarn sollten doch auch hören, wie schön sie Klavier spielen konnte.
Aber eines Tages kam die Mücke Pieks zum Fenster hereingeflogen. Und als Frau Klimpermunter gerade in den höchsten Tönen auf dem Klavier klimperte, setzte sich die kleine Mücke auf den kleinen Finger ihrer rechten Hand.
„Was mache ich jetzt?“, fragte Frau Klimpermunter. „Wenn ich auf die Mücke haue, gibt es einen falschen Ton, und

dann lachen mich die Nachbarn aus. Und wenn ich nicht draufhaue, sticht sie mich, und dann gibt es auch einen falschen Ton, weil ich mich so erschrecke."
Also redete Frau Klimpermunter der Mücke gut zu: „Liebe Mücke, stich mich nicht!"
„Ich hab aber solchen Hunger", piepste die kleine Mücke.
„Dann warte wenigstens, bis ich mit diesem Musikstück zu Ende bin."
„Na gut", piepste die Mücke Pieks, „dann warte ich noch ein bisschen." Und sie blieb auf dem Finger sitzen und schaukelte immer mit, wenn Frau Klimpermunter mit dem kleinen Finger auf die Tasten drückte.
Aber das Musikstück war ziemlich lang.
„Wie lange dauert denn das noch?", fragte die kleine Mücke.
„Noch fünf Minuten", sagte Frau Klimpermunter.
„Das dauert mir zu lange", sagte die kleine Mücke und stach Frau Klimpermunter in den Finger.
„Au!", schrie Frau Klimpermunter und spielte vor Schreck einen falschen Ton.
Und dann hörte sie die Nachbarn lachen.
„Das finde ich aber gar nicht nett von dir", sagte Frau Klimpermunter, „jetzt tut mir der Finger weh und ich kann gar nicht mehr damit Klavier spielen."
„Ich helfe dir", sagte die kleine Mücke und schaute in die Noten. Und immer wenn ein Ton mit dem kleinen Finger

gespielt werden musste, machte sie sich schwer und drückte die Taste herunter.
„Das geht ja prima“, sagte Frau Klimpermunter, „wo hast du denn das gelernt?“
„Auf der Mückenschule“, sagte die Mücke Pieks. „Ich kann sogar noch mehr.“ Und dann spielte sie auf den Tasten für die ganz hohen Töne einen Triller, einen ganz schnellen Triller, wie ihn nur Mücken spielen können.
„Donnerwetter!“, sagten die Nachbarn. „So schön hat Frau Klimpermunter ja noch nie gespielt.“ Und von jetzt an durfte die Mücke Pieks öfter kommen und Frau Klimpermunter beim Klavierspielen helfen.

Cc

Carls Geburtstagseinladung

Wer war zu **Carls** Geburtstag da?
Die **Carmen** und die **Claudia**,
Carlotta, **Clara**, **Caterina**,
Camilla, **Christel** und **Christina**.
Der **Carsten** und der **Claudius**,
Der **Caspar** und **Cornelius**.
Das war ja wirklich allerlei!
Doch warum war nicht ich dabei?

Der Fuchs im Hasenhaus

Die Hasenfamilie Puschelschwanz hatte sich im Wald unter einem umgestürzten Baum ein gemütliches Haus gebaut. Da waren alle trocken, wenn es regnete, und warm, wenn es im Winter fror. Sie hatten sich weiche Betten aus Blättern gemacht, zwei große für Vater Puschelschwanz und Mutter Puschelschwänzin und zwei kleine für die Hasenkinder Stummelchen und Pummelchen.

Eines Tages kriegten sie Besuch vom Fuchs Schlitzohr. Ihr denkt, der hätte den Hasenkindern Angst gemacht? Nein, nein. Der Fuchs war mit der Familie Puschelschwanz befreundet. Sie schenkten ihm zu Ostern immer besonders schöne Ostereier. Und er kam auch nie mit leeren Händen, wenn er Puschelschwanzens besuchte.

Was schleppte er denn diesmal an? Das war ja ein richtiges Grammophon mit einem Haufen Schallplatten.

„Wo hast du denn das her?“, fragte Vater Puschelschwanz. „Doch nicht etwa geklaut? Geklaute Sachen will ich nämlich nicht in meinem Haus haben.“

„Nein, wo denkst du hin“, sagte der Fuchs. „Das habe ich auf dem Flohmarkt gekauft.“

„Und womit hast du bezahlt?“, fragte Vater Puschelschwanz.

„Mit Ostereiern“, sagte der Fuchs. „Ich habe sie nicht alle aufessen können.“

„Na, dann ist es gut“, sagte Vater Puschelschwanz, „leg mal eine Platte auf.“

Der Fuchs griff in den Plattenhaufen, ohne hinzusehen, und erwischte die Platte „Fuchs, du hast die Gans gestohlen“. Und da tönte das Grammophon dieses schöne Lied, das ihr sicher kennt:

„Fuchs, du hast die Gans gestohlen,
Gib sie wieder her!

Sonst wird dich der Jäger holen
Mit dem Schießgewehr.

Seine große lange Flinte
Schießt auf dich den Schrot,
Dass dich färbt die rote Tinte
Und dann bist du tot.

Liebes Füchslein, lass dir sagen:
Sei doch nur kein Dieb.
Nimm, du brauchst nicht Gänsebraten,
Mit der Maus vorlieb."

Na, das hörte der Fuchs nicht gern und wollte die Platte gleich wieder mitnehmen. Aber die Hasenkinder Stummelchen und Pummelchen hatten sich schon die Platte gegriffen und gaben sie nicht wieder her.
„Natürlich dürfen die Kinder diese Platte nie wieder hören", sagte die Hasenmutter, um den Fuchs nicht zu verärgern. Und sie lud ihn gleich zu einer Tasse Kaffee und einem Stück Kuchen ein. Und alle bedankten sich sehr für das schöne Grammophon und die Platten.
Einige Tage später kam der Fuchs wieder zu Besuch. Und was schleppte er diesmal an? Das war ja ein richtiges kleines Fernsehgerät!
„Wieder auf dem Flohmarkt gekauft?", fragte der Vater.

„Klar“, sagte der Fuchs. Und die Hasen staunten, was es alles auf dem Flohmarkt zu kaufen gibt. Und bedankten sich sehr für das schöne Gastgeschenk.
Die Hasenkinder wollten gleich fernsehen, aber die Hasenmutter sagte: „Das ist nichts für kleine Kinder.“ Und dann lud sie den Fuchs wieder zu Kaffee und Kuchen ein.
Plötzlich hörte man, wie die Kinder die Platte „Fuchs, du hast die Gans gestohlen“ auflegten. Na, da hat die Hasenmutter aber ein Donnerwetter gemacht und den Kindern die Platte weggenommen. Und zum Fuchs sagte sie:
„Nimm's nicht übel, das sind eben noch dumme Kinder.“
„Ja“, sagte der Fuchs, „die wissen noch nicht, dass ich niemals was stehle.“
Als der Fuchs das nächste Mal zu Besuch kam, hatte er gar nichts dabei. Diesmal ging es ihm nicht gut. Er humpelte und stöhnte und erzählte, dass der Förster auf ihn geschossen habe und dass er ein paar Schrotkugeln abbekommen

habe. „Schießt auf dich den Schrot“, tönte es aus dem Kinderzimmer. „Ihr ungezogenen Kinder!“, rief die Hasenmutter. „Seht ihr nicht, wie schlecht es dem armen Fuchs geht? Wie könnt ihr bloß so herzlos sein!“

Und dann brachte die Hasenmutter den armen Fuchs, der aus mehreren Löchern blutete, ins Bett, verband ihm seine Wunden, machte ihm einen Haferschleim und legte ihm eine Wärmflasche an die kalten Füße. Und die Hasenkinder mussten ganz leise sein, damit der Fuchs schlafen konnte.

Gegen Abend klopfte jemand an. Und als der Hasenvater rausschaute, stand der Förster draußen mit seiner großen langen Flinte und mit seinem Hund.

„Guten Abend, Puschelschwanz“, sagte der Förster, „ich habe den Fuchs Schlitzohr mit Schrot angeschossen und bin seiner Blutspur nachgegangen. Ist er etwa bei dir?“

Was sollte der Hasenvater sagen? Sollte er den Fuchs verraten? Oder sollte er den Förster anlügen?

Der Hase dachte eine Zeitlang nach. Dann sagte er: „Was würdest du denn mit dem Fuchs machen, wenn du ihn findest? Würdest du ihn totschießen?“

Da sagte der Förster: „Ich würde ihn erst mal fragen, wo er mein Grammophon und meine Platten und mein Fernsehgerät gelassen hat. Das hat er nämlich alles bei mir gestohlen.“

Der Hasenvater musste erst mal tief Luft holen. Dann sagte er: „Das habe ich mir doch gleich gedacht, dass er die

Sachen gestohlen hatte. Ja, die Sachen hat er mir geschenkt, die kannst du wiederkriegen."

Da kam die Hasenmutter heraus, die alles mitgehört hatte. „Bitte, lieber Herr Förster, tu dem Fuchs nichts, ich bin gerade dabei, ihn wieder gesund zu pflegen. Und hier ist dein Fernsehgerät. Das Grammophon und die Platten hole ich gleich."

„Na gut", sagte der Förster und steckte das kleine Fernsehgerät in seine Tasche. „Das Grammophon und die Platten schenke ich euch. Da könnt ihr dem Fuchs immer mal wieder die Platte ‚Fuchs, du hast die Gans gestohlen' vorspielen."

Als der Förster weg war, freuten sich alle, dass die Sache gut ausgegangen war. Nur die Hasenkinder Stummelchen und Pummelchen waren ein bisschen traurig, dass sie jetzt keinen Fernseher mehr hatten. Sie hätten sich so gern mal eine Kindersendung angesehen.
Der Fuchs blieb noch ein paar Tage bei der Hasenfamilie, bis seine Wunden geheilt waren. Er hat dann sein Lebtag nie wieder etwas gestohlen.
Inzwischen ist der Fuchs auch mit dem Förster gut Freund. Jeden Sonntagabend sitzen die drei, der Fuchs, der Hase und der Förster, in der Dorfkneipe und spielen Skat.

Dd

Der Dackel und der Drachen

O-wickele-weckele-wockele-wackel,
Es war einmal ein kleiner **Dackel**.
O-gickele-gackele-gockele-geigen,
Der ließ einen großen **Drachen** steigen.
O-tickele-tockele-tackele-torf,
Der **Drachen** stieg hoch übers **Dorf**.
Der **Dackel** denkt – o-bockele-biegen –:
„Ach könnt ich doch auch so hoch fliegen."

Die vertauschten Beine

Einmal ging die Großmutter mit Louisa und Antonia spazieren. Da fing Antonia an Louisa zu treten. Und Louisa trat zurück.

„Hört auf!“, sagte die Großmutter. Aber Louisa und Antonia traten sich weiter.

Plötzlich ging Antonias rechtes Bein ab. „Auuu! Mein Bein!“, schrie Antonia. Aber das Bein war ab und lag auf der Straße.

Da ging plötzlich auch Louisas Bein ab. „Auuu! Mein Bein!“, schrie Louisa. Aber ihr Bein war auch ab und lag auf der Straße.

„Das kommt davon“, sagte die Großmutter und packte die beiden Beine in die Tasche. „Jetzt müsst ihr eben zum Doktor hüpfen, damit er die Beine wieder heil macht.“
Und so gingen sie zum Doktor Pflastermann. Die Großmutter schritt rüstig voran und die beiden Kinder hüpften hinterher.
Der Doktor machte sich gleich an die Arbeit. Aber er war ein bisschen kurzsichtig. Und als die Großmutter und die beiden Mädchen wieder auf der Straße standen, merkten sie, dass er die Beine falsch angebracht hatte. Louisa hatte Antonias Bein und Antonia hatte Louisas Bein. Und weil Louisas Bein ein bisschen länger war als Antonias Bein, humpelten sie jetzt beide.
„Wir müssen noch mal zum Doktor“, sagte Louisa, „er muss die Beine noch mal abmachen.“
„Abmachen kann er nicht“, sagte die Großmutter, „er kann nur anmachen. Jetzt müsst ihr euch so lange treten, bis die Beine wieder abgehen. Und dann gehen wir noch mal rein.“
Louisa und Antonia hatten gar keine Lust mehr, sich noch mal zu treten. Aber die Großmutter war unerbittlich. Sie mussten sich weiter treten, bis die Beine wieder ab waren. Denn wenn die Beine nicht wieder abgegangen wären, müssten Louisa und Antonia ja heute noch humpeln.

Ee

Der Engel im Efeu

O-hibbele-habbele-hobbele-herde,
Ein **Engel** schwebte mal zur **Erde**.
O-tibbele-tabbele-tobbele-teich,
Und landete im **Efeu** weich.
Da schlief er ein – o-ribbele-rente –,
Doch weckte ihn bald eine **Ente**.

Die watschelte da – eins-zwei-drei –
Und schenkte ihm ein großes **Ei**.
Und dann – o-kibbele-kobbele-kanten –
Erschienen sieben **Elefanten**.
Die haben ihn in sieben Tagen
Zum Himmelstor zurückgetragen.

Der verspätete Osterhase

Es war einmal ein kleiner Osterhase. Der hatte nicht immer gut zugehört, wenn die Hasenmutter ihren Kindern erklärte, wie gefährlich die Menschen und ihre Autos und Maschinen sind.

Und eines Tages passierte das Unglück. Er wollte über die Straße laufen und hatte nicht richtig aufgepasst. Und als er das Auto hörte, war es zu spät. Plötzlich fühlte er einen starken Schmerz in der rechten Pfote. Da war das Auto drübergefahren.

Als er nach Hause kam, hat die Hasenmutter ihm die blutende Pfote verbunden. „Du hast noch Glück gehabt", sagte sie, „dass das Auto nur über die Pfote gefahren ist. Du hättest auch tot sein können."

„Ja, ich weiß", sagte der kleine Hase und weinte.

Dann kam der Hasendoktor und gab ihm eine Spritze und Medizin.

„Er muss jetzt ein paar Tage im Bett liegen bleiben", sagte der Hasendoktor.

„Aber ich muss doch Ostereier malen", sagte der kleine Hase, „und dann muss ich die Eier zu den Kindern bringen, es ist doch bald Ostern!"

„Das geht jetzt nicht", sagte der Doktor, „wenn die Pfote wieder gesund werden soll, musst du ganz still liegen."

Da weinte der kleine Hase noch einmal.

Als er die nächsten Tage im Bett bleiben musste, sah er, wie seine Geschwister Ostereier anmalten, und hörte, wie sie sich unterhielten. Eines sagte: „Diese Eier bringe ich zu Jannis, Jascha und Janine.“ Und ein anderes sagte: „Ich bringe meine Eier zu Carlotta und Philipp.“ Und ein drittes: „Meine Eier kriegen Louisa und Antonia.“ Und so erzählte jedes Hasenkind, was es mit seinen Ostereiern machen wollte. Und der kleine Hase mit der verbundenen Pfote war ganz traurig, dass er dieses Mal nicht dabei sein sollte.

Aber als Ostern war und alle Geschwister und die Haseneltern aus dem Haus waren, um die Ostereier zu den Kindern zu bringen, stieg der kleine Hase aus dem Bett und fing an mit der linken Pfote Ostereier anzumalen. Und als die Haseneltern und die Geschwister am Abend nach Hause kamen, hatte er eine Menge Eier angemalt und in einen Korb getan.

„Was soll denn das?“, sagten die Geschwister. „Ostern ist doch vorbei. Und du musst doch auch noch ein paar Tage im Bett bleiben.“

„Lasst mich nur“, sagte der kleine Hase, „ich weiß schon, was ich will.“

Und als er nach einigen Tagen aufstehen durfte, nahm er den Korb mit den Eiern und humpelte auf drei Pfoten los. Als er zu den Kindern kam und ihnen mit ein paar Tagen Verspätung seine Ostereier brachte, haben sich die unheimlich gefreut. Denn sie hatten die Eier von Ostern längst aufgegessen. „Du bist ja ein lieber Osterhase", sagten sie, „wir dachten schon, jetzt gibt es ein ganzes Jahr lang keine Ostereier mehr."

Aber dann sahen sie seine verbundene Pfote und fragten, ob er sich verletzt habe.

„Ja", sagte der kleine Hase, „die hat ein Auto überfahren. Deswegen komme ich so spät. Und die Eier habe ich mit der linken Pfote anmalen müssen."

„Dafür sind sie aber sehr schön geworden", sagten die Kinder. „Wir wünschen dir gute Besserung."

Als der kleine Hase weiterlief, winkte er noch mit der verbundenen Pfote und rief: „Nächstes Jahr komme ich wieder pünktlich an Ostern!"

Ff

Der Fisch in der Flasche

O-bibbele-babbele-bobbele-baden,
Am **Fenster** hängt ein dünner **Faden**.
Und an dem **Faden** – tibbele-tasche –
Hängt eine ziemlich große **Flasche**.
O-tibbele-tabbele-tobbele-tisch,
Und in der **Flasche** schwimmt ein **Fisch**.
Der sieht durchs Glas ’ne kleine **Fliege**.
Und denkt: „Na wart’, wenn ich dich kriege!“
Doch leider konnte er nicht raus,
Da lachte ihn die **Fliege** aus.

Wie das Pferd Huppdiwupp zur Schule ging

Einmal, als Louisa zur Schule ging, begegnete sie dem Pferd Huppdiwupp.
„Hallo, Louisa“, rief das Pferd Huppdiwupp, „wo gehst du denn hin?“
„Ich gehe zur Schule“, sagte Louisa.
„Und was machst du da?“, fragte das Pferd.
„Da lerne ich lesen und schreiben und rechnen“, sagte Louisa.

„O, das möchte ich auch können", sagte das Pferd, „ich bin ja nie zur Schule gegangen."
„Du kannst ja mitkommen", sagte Louisa.
„Meinst du wirklich?", fragte das Pferd. „Wundert sich da nicht deine Lehrerin, wenn du mit einem Pferd ankommst?"
„Nein", sagte Louisa, „die wundert sich über gar nichts mehr."
„Na gut", sagte das Pferd. „Ich komme mal mit, denn ich bin doch neugierig, was ich in der Schule lernen kann."
Das gab ein Hallo in der Schule, als Louisa mit dem Pferd ankam. Alle Kinder wollten neben dem Pferd sitzen, aber Louisa sagte: „Ich habe das Pferd mitgebracht und darum kann ich auch neben dem Pferd sitzen."
Na, das sahen die anderen Kinder ein. Und sie waren sehr gespannt, ob das Pferd ein guter Schüler war. „Das Pferd hat ja einen großen Kopf", sagten sie, „ das lernt bestimmt viel schneller als wir."
„Das glaube ich nicht", sagte die Lehrerin. „Das Pferd kann zwar schneller laufen und höher springen als ihr. Und es hat auch einen größeren Kopf. Aber in einen Pferdekopf geht nicht so viel rein wie in einen Kinderkopf."
Und bald merkten die Kinder, dass das Pferd die Sachen, die man in der Schule lernen kann, gar nicht gut lernen konnte. Es konnte sich die Buchstaben nicht merken. Und beim Rechnen hat es sich dauernd verrechnet. Und beim Schreiben machte es mit seinen Hufen bloß das Papier kaputt.

Als die Schule aus war, weinte das Pferd Huppdiwupp ein paar Tränen und sagte zu Louisa: „Schule ist nichts für mich. Die Buchstaben und die Zahlen lerne ich nie. Ich will nicht wieder zur Schule gehen."
„Ach, sei nicht traurig", sagte Louisa. „Es ist nicht schlimm, wenn du nicht rechnen kannst. Und du brauchst auch nicht lesen und schreiben zu lernen. Wenn du einen Brief schreiben willst, schreibe ich ihn für dich. Und wenn du mal einen Brief kriegst, kannst du zu mir kommen und ich lese ihn dir dann vor."
Jetzt läuft das Pferd Huppdiwupp wieder auf der Wiese herum und freut sich darauf, dass der Postbote ihm mal einen Brief bringt.

Gg

Der Gärtner im Schlaraffenland

O-bibbele-babbele-bobbele-band,
Ihr kennt doch das schöne Schlaraffenland?
O-hibbele-habbele-hobbele-hans,
Da fliegt in der Luft die gebratene **Gans**.
Und in ihrem Rücken – o-fibbele-fabel –,
Da stecken doch wirklich schon Messer und **Gabel**.
Ihr braucht sie nur fangen – o-klibbele-klirr –,
Dann fällt sie herunter genau aufs **Geschirr**.
Dazu trinkt man Rotwein – o-hibbele-hanne –,
Den holt aus dem Teich man mit der **Gießkanne**.
O-dibbele-dabbele-dobbele-düse,
Da fliegt auf den Teller schon das **Gemüse**.
Und was ihr nicht mögt – bibbel-babbel-o-burke –,
Wird zu Schokolade – sogar auch die **Gurke**.
O-hibbele-habbele-hobbele-huhn,
Der **Gärtner** hat hier wirklich gar nichts zu tun.
O-kibbele-kabbele-kobbele-karre,
Er spielt alle Tage auf seiner **Gitarre**.
Er hat einen **Gürtel** – o-bibbele-bahn –
Und **Gummistiefel** aus Marzipan.

Der Jäger aber – o-mibbele-meer –
Schießt **Gummibärchen** aus seinem **Gewehr**.
Er schießt in die Luft – o-ribbele-raben –,
Dass auch die **Giraffen** zu fressen haben.

Als der Hase Puschelschwanz Zahnschmerzen hatte

Ihr wisst ja, dass man regelmäßig zum Zahnarzt gehen muss, damit er nachschaut, ob Löcher in den Zähnen sind, die er wieder zumachen muss. Manche Kinder gehen nicht gern zum Zahnarzt. Die Großmutter kann das verstehen. Sie geht auch nicht gern zum Zahnarzt, denn sie hat viel Geld für neue Zähne ausgeben müssen. Wenn man alt wird und die Zähne nicht immer gut geputzt hat, gehen sie kaputt. Und eines Tages muss der Zahnarzt künstliche Zähne in den Kiefer schrauben. Und die sind sehr teuer.

„Ich wollte, ich wäre ein Hase“, sagte die Großmutter.

„Warum möchtest du ein Hase sein?“, fragten die Kinder.

„Weil ich dann nur Salat und Klee kauen müsste“, sagte die Großmutter.

„Haben Hasen nie Zahnschmerzen?“, wollten die Kinder wissen.

„Doch. Dann müssen sie zum Hasenzahnarzt“, sagte die Großmutter.

„Erzähl uns das mal“, sagten die Kinder.

„Also gut“, sagte die Großmutter, nachdem sie sich ihre neuen Zähne geputzt hatte.

„Eines Tages wachte der Hase Puschelschwanz mit fürchterlichen Zahnschmerzen auf. Er jammerte: ‚Auuu! Auuu!! Auuu!'
Davon wachte auch seine Frau, die Puschelschwänzin, auf.
‚Was jammerst du denn so?', fragte sie.
‚Auuu! Auuu! Ich habe solche Zahnschmerzen.'
‚Dann musst du zum Zahnarzt', sagte Frau Puschelschwänzin. Und holte gleich das Handy, um ihren Mann bei der

Hasenzahnärztin Frau Doktor Kuschelzahn anzumelden.
‚Nein! Nein!', jammerte der Hase Puschelschwanz. ‚Ich habe Angst.'
‚Quatsch!', sagte Frau Puschelschwänzin. ‚Du bist doch der Hase Puschelschwanz und kein Waschlappen.'
Na, das leuchtete dem Hasen Puschelschwanz ein und er hörte auf zu jammern.
Inzwischen hatte Frau Puschelschwänzin die Praxis von Frau Doktor Kuschelzahn am Apparat.
‚Hier ist Frau Puschelschwänzin. Mein Mann hat Zahnschmerzen. Kann er gleich kommen?'
‚Ja, er kann gleich kommen', sagte die Sprechstundenhilfe, Frau Samtpfote.
Frau Doktor Kuschelzahn hatte ihre Praxis am Waldesrand. Der Hase Puschelschwanz brauchte nicht weit zu laufen und das schaffte er trotz seiner Zahnschmerzen.
Im Wartezimmer saßen schon ein paar Hasenpatienten und hielten sich die Backe.
Der Hase Puschelschwanz sagte ‚Guten Tag' und griff sich gleich eine bunte Zeitschrift zum Lesen. Er musste nämlich noch eine Zeit lang warten, bis er an die Reihe kam.
Als er ins Behandlungszimmer gerufen wurde, sagte er dort auch höflich ‚Guten Tag' und nahm auf dem großen Zahnarztstuhl Platz. Frau Samtpfote stellte ihm einen Becher mit Wasser hin und band ihm ein Lätzchen um, damit ihm nichts auf den schönen Hasenpelz kleckerte.

Und dann kam Frau Doktor Kuschelzahn und fragte: ‚Na, wo tut's denn weh?'
‚Hier', sagte Puschelschwanz und zeigte auf den schmerzenden Zahn.
Frau Doktor Kuschelzahn schaute sich den Zahn an und sagte dann: ‚Das werden wir gleich haben. Sie müssen nur ein bisschen singen, dann tut es gar nicht weh.'
‚Was soll ich denn singen?', fragte Puschelschwanz.
‚Na, irgendein Hasenlied', sagte Frau Kuschelzahn.
Da fing Puschelschwanz an zu singen und Frau Doktor Kuschelzahn sang dazu die zweite Stimme:

‚Zwischen Berg und tiefem, tiefem Tal
Saßen einst zwei Hasen,
Fraßen ab das grüne, grüne Gras
Bis auf den Rasen.

Als sie sich nun satt gefressen hatten,
Setzten sie sich nieder,
Bis dass der Jäger, Jäger kam
Und schoss sie nieder.

Als sie sich nun aufgerappelt hatten
Und sie sich besannen,
Dass sie noch am Leben, Leben waren,
Hüpften sie von dannen.'

Und während sie sangen, bohrte Frau Doktor Kuschelzahn in dem kranken Zahn herum. Das kribbelte ein bisschen, aber es tat gar nicht weh. Und der Bohrer sang die Bassstimme zu dem Hasengesang.

Dann schmierte Frau Kuschelzahn irgendwas Weiches in das Loch im Zahn. Und dann sagte sie: ‚Das war's schon.'

Der Hase Puschelschwanz wunderte sich, dass es schon vorbei war, und fragte: ‚Können Sie nicht noch ein bisschen mehr herumbohren? Das kribbelte so schön. Und Sie können auch so schön singen.'

‚Na gut', sagte Frau Kuschelzahn, holte das Weiche wieder raus aus dem Zahn und fing noch mal an zu bohren. Und dazu sangen sie wieder, der Hase und Frau Doktor und der Bohrer, und die Sprechstundenhilfe sang auch noch mit.

Als das Lied fertig war, machte die Hasenzahnärztin wieder das Weiche in den Zahn und sagte: ‚Jetzt müssen wir aber wirklich aufhören, denn es warten noch andere Patienten darauf, mit mir zu singen.'

Na, der Hase Puschelschwanz war froh, dass der Zahn nicht mehr wehtat, und bedankte sich.

Natürlich sind alle Hasen in der Hasenkrankenkasse und darum brauchte der Hase Puschelschwanz nichts zu bezahlen.

Aber zu Ostern hat der Hase Puschelschwanz der Zahnärztin ein großes, grünes Nest mit schönen Ostereiern gebracht. Da hat sie sich sehr gefreut. ‚Wenn mal wieder ein

Zahn wehtut‘, sagte sie, ‚dann dürfen Sie gern wiederkommen.‘

‚Hoffentlich habe ich bald wieder Zahnschmerzen‘, sagte Puschelschwanz, denn ihm hatte das Singen solchen Spaß gemacht.

‚Ja, sie dürfen auch kommen, wenn Sie keine Zahnschmerzen haben‘, sagte Frau Kuschelzahn. ‚Wir könnten ja einen Hasengesangverein gründen.‘

‚Das ist eine gute Idee‘, sagte Puschelschwanz, ‚meine Frau und meine Kinder Stummelchen und Pummelchen singen bestimmt auch mit.‘

‚Und ich singe auch mit‘, sagte Frau Samtpfote.

‚Au fein‘, sagte Puschelschwanz, ‚da sind wir ja schon sechs singende Hasen, ein richtiger Hasenchor.‘

‚Ja, und vielleicht kriegen wir den Förster noch als Bass dazu‘, sagte Frau Samtpfote.

‚Na, wir wollen ja nicht übertreiben‘, sagte Frau Kuschelzahn. ‚Es ist vielleicht besser, wenn die Menschen nichts davon mitkriegen, wie schön wir Hasen singen können.‘

Ja, und seitdem singen die Hasen im Wald, auch wenn sie keine Zahnschmerzen haben.

Wenn ihr durch den Wald geht und der Wind ganz leise in den Blättern rauscht, dann müsst ihr mal lauschen, ob ihr die Hasen singen hört.“

„Hast du die Hasen schon mal singen gehört?“, fragten die Kinder.

„Ja, als ich so klein war wie ihr“, sagte die Großmutter, „denn nur Kinder können die Hasen singen hören.“
„Und wie hört sich das an?“, fragten die Kinder.
„Na, das ist wie bei den Menschen“, sagte die Großmutter, „manche singen richtig und manche singen falsch. Besonders die Hasen, die lange nicht beim Zahnarzt waren, singen falsch, weil sie so viele Löcher in den Zähnen haben. Die pfeifen manchmal auf dem letzten Loch.“

Hh

Der Hasenschmaus

O-nibbele-nabbele-nobbele-nase,
Es war einmal ein kleiner **Hase**.
Der wohnte – mibbele-mabbele-maus –
In einem grünen **Hasenhaus**.
O-tibbele-tabbele-tobbele-tau,
Er hat' auch eine **Hasenfrau**.

Die kocht' – o-bibbele-babbele-berd –
Auf einem kleinen **Hasenherd**.
Was kocht' sie? – Mibbele-mabbele-maus –,
Natürlich einen **Hasenschmaus**.
Denn alle **Hasen** – tibbele-tunger –,
Die haben mittags **Hasenhunger**.

Philipps Weihnachtsteller

Auf Philipps Weihnachtsteller gab es lauter gute Sachen: Äpfel und Nüsse und Mandarinen und Zimtsterne. Und Philipp ließ es sich gut schmecken. Er aß einen Apfel und zwei Mandarinen und drei Walnüsse und vier Zimtsterne. Und als er satt war, fing es in seinem Magen an zu rumoren – gurks-gurks-gurks! Was war denn da in Philipps Magen los?

Ich weiß, was da los war. Da unterhielten sich der Apfel und die Nüsse und die Mandarinen und die Zimtsterne miteinander. Lass mich mal an seinem Bauch lauschen! – Aha, die sprechen darüber, wer von ihnen die weiteste Reise hinter sich hat.

Der Apfel sagt: „Ich bin im Garten auf dem Baum gewachsen".

„Wir auch", sagen die Walnüsse.

„Aber mein Baum ist höher", sagt der Apfel.

„Nein, unserer", sagen die Walnüsse. Und so streiten sie eine Zeit lang miteinander – gurks-gurks-gurks!

„Nun seid ihr mal ganz still", sagen die Mandarinen. „Ihr kommt aus dem Garten von nebenan, aber wir kommen von ganz weit her, aus Italien. Wir waren viele Stunden

mit der Eisenbahn unterwegs, um hierher zu kommen“. Und die Mandarinen lachen über den dummen Apfel und die dummen Nüsse – gurks-gurks-gurks!

„Ihr kommt aus Italien“, sagen die Zimtsterne, „ja, das ist wirklich ganz schön weit. Aber wir haben eine noch längere Reise hinter uns. Wir kommen nämlich vom Himmel.“

„Was, ihr kommt vom Himmel?“, fragen die Mandarinen und die Nüsse und der Apfel. Und sie lachen – gurks-gurks-gurks!

„Ja, wir kommen vom Himmel“, sagen die Zimtsterne. „Die Engel haben uns gebacken. Habt ihr gar nicht gesehen, wie rot die Wolken gestern Abend geleuchtet haben?“

Da haben die Mandarinen und die Nüsse und der Apfel aber gestaunt.

Und in Philipps Bauch wurde es ganz still.

Ii

Die einsame Insel

O-pippele-pappele-poppele-pinsel,
Ganz einsam ist es auf der **Insel**.
Dort wohnen nur – o-tibbele-tiegel –
Ein **Indianer** und ein **Igel**.

Wie die Buchstaben Fasching feiern

Carlotta liest viel. Mehr als Philipp. Und darum weiß sie viel von den Buchstaben.
Alle Menschen wissen, dass die Buchstaben nachts schlafen und morgens aufwachen. Dass sie gern gelesen werden und sich langweilen, wenn sie nicht gelesen werden.
Dass sie nicht gern mit Marmelade oder Honig bekleckert werden.
Aber nicht alle wissen, dass die Buchstaben auch einmal im Jahr Fasching feiern.
Carlotta weiß das. Und darum ist sie gar nicht erstaunt, wenn es zur Faschingszeit im Bücherschrank nachts laut wird.
Ihr wisst ja, wie es beim Kinderfasching zugeht. Da wird gelacht und gesungen und getanzt und rumgetobt. Und genauso machen es auch die Buchstaben. Und natürlich verkleiden sie sich auch. Das A kommt als AFFE oder als ANANAS oder als AKROBAT. Das B kommt als BÄR oder als BOHNENSTANGE oder als BASSGEIGE. Das C kommt als CELLO oder als CHRISTROSE. So lässt sich

jeder Buchstabe ein schönes Kostüm einfallen. Und dann machen sie ein schönes Spiel. Sie suchen sich andere Buchstaben, mit denen sie zusammenpassen und Wörter bilden. Ich will euch mal erzählen, wie es dieses Jahr in Carlottas und Philipps Zimmer zugegangen ist.

Das E hatte sich als Engel verkleidet und das I als Igel.

„Komm, wir tun uns zusammen“, sagte das E, „dann sind wir ein EI.“

„Au fein“, sagte das I. Und so wurde aus dem E und dem I ein EI.

Das W war als Wolf gekommen und das N als Nashorn.

„Schade, dass wir nicht zusammenpassen“, sagte das W zu dem N.

Aber dann sahen sie das EI.

„Wenn wir uns mit dem EI verbinden“, sagte das N zu dem W, „dann könnten wir zu WEIN werden“.

Gesagt, getan. So wurde aus den vier Buchstaben das Wort WEIN. Und natürlich hatten sie auch gleich gefüllte Gläser in der Hand und nahmen einen Schluck.

Da begegneten ihnen fünf Buchstaben, die sich zur TAUBE zusammengetan hatten.

„Schade", sagten die, „dass wir kein R haben, dann könnten wir eure TRAUBE werden."

Das hatte ein R gehört und sprang schnell in die TAUBE und machte sie zur TRAUBE. Da schrien alle zehn Buchstaben: „Hurra, jetzt sind wir eine WEINTRAUBE!" Und richtig, da hatten sie alle Weintrauben in der Hand und fingen an zu futtern.

Das H hatte sich mit einem A, einem S und einem E zusammengefunden und so waren sie jetzt ein HASE. Aber plötzlich lief ihnen das A weg und das O schlüpfte in die Lücke. Da war aus dem HASEn eine HOSE geworden. Und alle lachten.

Aber dann kam ein R angelaufen und schubste das H weg. Da wurde aus der HOSE eine ROSE. Und dann wurden die Buchstaben zu einer richtigen Rose, die herrlich duftete. Da riefen alle: „Oh, wie schön!"

Das T hatte sich als TURM verkleidet. Und dann hatte es vier andere Buchstaben gefunden, mit denen es zur TANNE wurde.

Aber nach einiger Zeit lief das T weg und ließ ANNE stehen. ANNE blieb nicht lange allein, denn da kam schon ein W angerannt und machte aus ANNE eine WANNE. Und als das K die WANNE sah, gab es dem W einen Schubs und machte aus der WANNE eine KANNE. Und da war Kakao drin, der schmeckte wie Schokolade.

Aber dann war da noch ein T, das sich als Teufel verkleidet hatte. Es hatte sich schwarze Hörner aufgesetzt und sich einen langen Schwanz angeklebt. Und weil es auch wirklich ein kleines Teufelchen war und die anderen mit Fußtritten und Schimpfwörtern ärgerte, wollte keiner der anderen Buchstaben mit ihm spielen.

Da wurde das Teufelchen eifersüchtig auf die anderen Buchstaben, die so schöne Wörter gebildet hatten, und spielte ihnen Streiche. Es spritzte mit schwarzer Tinte in die schönen Wörter. Und da wurde aus der KANNE plötzlich eine PFANNE, aus der ROSE eine DOSE und aus der WEINTRAUBE eine KLEINE SCHRAUBE.

Na, ihr könnt euch denken, dass die Buchstaben das freche kleine Teufelchen verjagen wollten. Das gab großen Lärm. Und davon wachten Carlotta und Philipp auf.

„Was ist denn hier los?“, fragte Philipp.

Und Carlotta wusste gleich: „Sicher feiern die Buchstaben Fasching.“

„Ich will schlafen“, sagte

Philipp und legte sich wieder aufs Ohr. Auch Carlotta war noch müde und schlief gleich wieder ein. Im Einschlafen hörte sie noch, wie Philipp „schlafen“ sagte. Und dann träumte sie von Schafen, die schlafen, von Reitern mit Leitern und von Riesen auf Wiesen, die Träume an die Bäume hängen.

Jj

Joghurt mit Rosine

Jannis, **Jascha** und **Janine**
Aßen **Joghurt** mit Rosine.
Jan und **John** und Kakadu
Schauten nur beim Essen zu.

In der Hasenschule

Natürlich kann der Hase Puschelschwanz wunderschöne Ostereier legen. Und seine Frau, die Puschelschwänzin, auch. Aber ihre Kinder, Stummelchen und Pummelchen, müssen es erst lernen. Und darum gehen sie in die Hasenschule.

Ach, da kommen vielleicht komische Eier zustande. Eines der Hasenkinder hat mal ein Ei gelegt, das war nicht rund, sondern eckig. Und eines der Hasenkindereier sah aus wie eine Wurst.

Na, der Hasenlehrer, Herr Langlöffel, hat die Ruhe weg und zeigt den Hasenkindern, wie es gemacht wird. Er muss jede Stunde mindestens zehn Eier legen.

Ja, und dann kommt die Malstunde. Da werden die Ostereier angemalt. Wenn die Eier nur eine Farbe kriegen sollen, ist das ja noch nicht schwer. Da werden sie einfach in eine Tasse mit Farbe gelegt und nach einiger Zeit wieder rausgenommen. Aber wenn sie mehrere Farben kriegen sollen oder wenn Bilder draufgemalt werden sollen, das ist eine große Kunst, die gelernt sein will.

Stummelchen und Pummelchen waren die Besten in der Klasse. Sie konnten sogar Tiere auf die Eier malen. Mal ein Pferd, mal ein Schaf, mal ein Schwein oder einen Vogel. Und Herr Langlöffel staunte.

Einmal hatten Stummelchen und Pummelchen kleine Vögelchen auf die Eier gemalt. Und als die Schule aus war, legten sie die Eier zum Trocknen auf die Bank. Als sie am nächsten Tag zur Schule kamen, waren die Eier weg. Sie haben überall gesucht, unter der Bank und unter den Pilzen im Wald und im Ameisenhaufen. Aber die Eier blieben verschwunden.

Da fingen Stummelchen und Pummelchen an zu weinen. Und wenn Hasen weinen, das geht zu Herzen. Herr Langlöffel musste gleich mitweinen.

Aber plötzlich kam eine Taube angeflogen und fragte: „Warum weint ihr denn?“

„Unsere schönen Eier sind weg“, jammerten Stummelchen und Pummelchen. „Wir hatten so schöne Vögelchen darauf gemalt.“

„Ach, das tut mir aber leid, dass ihr so traurig seid“, sagte die Taube. „Ich dachte, die Eier gehören niemand, und habe sie für meine Kinder mitgenommen. Ich schenke euch dafür ein paar Taubeneier."

Da trockneten die Hasenkinder ihre Tränen und sagten: „Na gut. Aber wenn du die Eier ausbrütest und da kommen kleine Hasen mit Flügeln raus, dann schenkst du uns doch einen?"

„Ja, das mache ich", sagte die Taube.

Und seitdem warten Stummelchen und Pummelchen auf kleine Hasengeschwister mit Flügeln.

Kk

Wie die Kirche repariert wurde

O-bibbele-babbele-bobbele-birche,
Der Maurer repariert die **Kirche**.
O-hibbele-habbele-hobbele-helle,
Er schmiert den Mörtel mit der **Kelle**.
O-mibbele-mabbele-mobbele-miste,
Er schmeißt die Steine in die **Kiste**.
Und in der **Kirche** – habbele-herze –
Brennt eine große, weiße **Kerze**.

Da malt der Maler – bibbele-bohne –
Dem König eine goldne **Krone**.
Der Dachdecker – o-tribbele-tran –,
Der hebt die Ziegel mit dem **Kran**.
Jetzt sind sie fertig – bibbele-bug –
Und trinken Bier aus einem **Krug**.
Und morgen steht – o-bibbele-bänder –
Ein neuer Tag auf dem **Kalender**.

Die Schornsteinfegerhochzeit

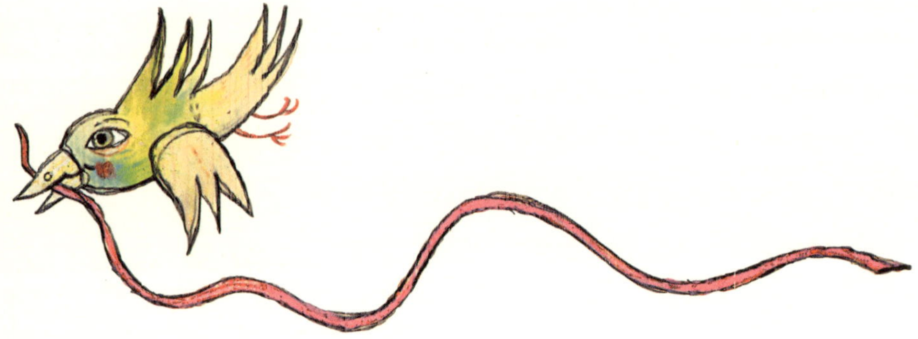

Immer wenn Paul, der Schornsteinfeger, aufs Dach stieg, schaute die Anna aus dem Fenster. Es war schon toll, wie der Paul da auf dem Dachfirst entlangbalancierte, ohne herunterzufallen. Und dann konnte sie ihm noch bei der Arbeit zusehen, wenn er seinen Besen in den Schornstein hinabließ und wieder heraufholte. Und wenn er damit fertig war und auf dem Dach zurücklief und ins Dachfenster stieg, dann hoffte die Anna jedes Mal, dass er einmal zu ihr hinsehen würde und dass ihre Blicke sich treffen würden. Denn sie mochte den Paul und der wusste das gar nicht und schaute nie zu Anna hin. Dann machte sie, wenn der Paul im Dachfenster verschwunden war, ihr Fenster wieder zu und dachte darüber nach, wie sie es nächstes Mal anstellen könnte, ihn auf sich aufmerksam zu machen.

Das nächste Mal, als er kam, ließ sie ihre Katze aus dem Fenster springen. Und die kletterte aufs Dach und lief dem Schornsteinfeger entgegen. Beinahe wäre er über die Katze gefallen und schimpfte: „Dumme Katze!“
Das war also misslungen und Anna war ganz traurig.
Das nächste Mal ließ sie einen Ballon aus dem Fenster fliegen. Der sauste dem Schornsteinfeger um den Kopf und er wäre wieder beinahe gefallen und schimpfte: „Dummer Luftballon!“
Das war also wieder misslungen und Anna wurde noch trauriger.
„Ich muss mir was ganz anderes ausdenken“, sagte Anna und dachte noch einmal lange nach, was sie tun könnte, um den Schornsteinfeger auf sich aufmerksam zu machen. Und dann hatte sie's.
Als der Schornsteinfeger das nächste Mal kam, stieg Anna selbst aus dem Fenster, kletterte am Dach hoch und balancierte auf dem Dachfirst bis zum Schornstein, wo der Schornsteinfeger gerade seinen Besen herunterließ. Nun konnte er sie nicht mehr übersehen. Und weil sie so hübsch aussah, konnte er auch nicht mit ihr schimpfen.
„Das ist aber ein bisschen gefährlich, was Sie da machen“, sagte der Schornsteinfeger.
„Für Sie ist es ja auch gefährlich“, sagte Anna.
„Ja, aber ich habe Übung und falle nicht runter.“
„Ich falle auch nicht runter“, sagte Anna. Aber kaum hatte

sie das gesagt, da wurde ihr ein bisschen schwindlig und sie schwankte und schrie: „Hilfe! Ich falle runter!“

Da fing der Schornsteinfeger sie auf und hielt sie fest.

„Das wäre aber beinahe schief gegangen“, sagte der Schornsteinfeger.

„Ja, ich danke Ihnen“, sagte Anna, „wenn Sie mich nicht festgehalten hätten, wäre ich jetzt tot.“

„Das wäre wirklich schade“, sagte der Schornsteinfeger, denn er fand das Mädchen sehr nett.

Natürlich war Annas Kleid nicht mehr ganz sauber. Man sah die schwarzen Finger des Schornsteinfegers.

„Oh, das schöne Kleid!“, sagte der Schornsteinfeger.

„Ach, das macht nichts“, sagte das Mädchen, „es ist jetzt ein Andenken an ein schönes Erlebnis.“

Was soll ich sagen, es dauerte keine vier Wochen, da wollten die beiden heiraten. Sie hatten alle Freunde und Freundinnen eingeladen und es sollte ein großes Fest gefeiert werden.

Aber da ist noch etwas passiert. In der Aufregung hatte der Schornsteinfeger, als er sich den Frack anziehen wollte, versehentlich seinen Schornsteinfegeranzug genommen. Der ist ja schwarz wie ein Frack und auch die Braut und die Hochzeitsgäste und der Pastor haben es nicht gleich gemerkt.

Zuerst gab es schwarze Kleckerspuren in der Kirche. Dann kriegte der Pastor schwarze Finger, als er den Brautleuten

die Ringe gab. Dann kriegte das weiße Brautkleid schwarze Flecke. Und dann auch die Hochzeitsgäste, als sie dem Brautpaar gratulierten und sie umarmten. Und schließlich war auch das weiße Tischtuch der Hochzeitstafel schwarz gefleckt. Es war eine richtige Schornsteinfegerhochzeit.
Als das Fest zu Ende war, merkte der Bräutigam, dass er den Hausschlüssel vergessen hatte.
„Wie kommen wir jetzt ins Haus?“, fragte die Braut.
„Kein Problem“, sagte der Bräutigam, „wofür bin ich denn Schornsteinfeger?“ Und dann nahm er seine Frau auf den Arm, kletterte auf einer Leiter zum Dach empor, balancierte mit seiner Frau auf dem Dachfirst entlang und stieg mit ihr zum Dachfenster hinein.
Von dieser Hochzeit ist in der Stadt noch lange die Rede gewesen. „Hoffentlich ist wenigstens die Bettwäsche sauber geblieben“, sagte der Brautvater.
Die Tischtücher und die Kleider sind in der Wäsche wieder sauber geworden. Nur der Pastor hat ein paar schwarze Flecke in seinem Gesangbuch behalten.

Ll

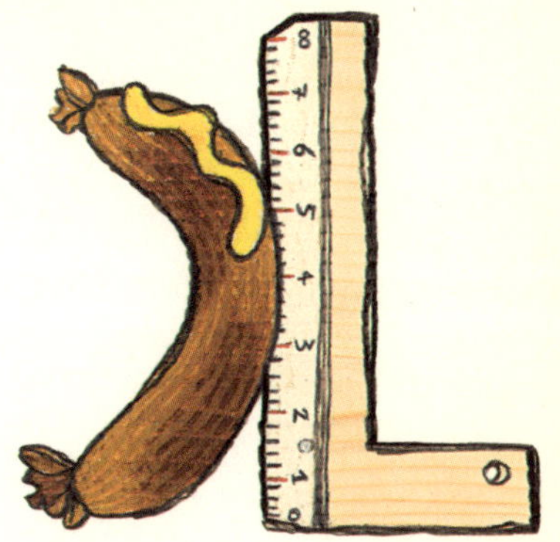

Der Löwe und die Eisenbahn

O-pippele-pappele-poppele-pampe,
Bei Nacht fährt die Eisenbahn mit einer **Lampe**.
O-nibbele-nabbele-nobbele-nive,
Der Zugführer steht auf der **Lokomotive**.
O-tibbele-tabbele-tobbele-töffel,
Er isst seine Suppe mit silbernem **Löffel**.
O-mibbele-mabbele-mobbele-mal,
Er misst seine Bockwurst mit dem **Lineal**.

Doch plötzlich – o-nibbele-nobbele-nicht –,
Da sieht er weit vorne ein farbiges **Licht**.
Er bremst seinen Zug – o-mibbele-möwe –,
Da steht auf den Schienen ein riesiger **Löwe**.
Der hält in den Klauen – o-kibbele-kerne –
Eine richtige schöne, bunte **Laterne**.
Der Zugführer flüchtet auf eine **Leiter**
Und der **Löwe** fährt mit der Eisenbahn weiter.

Der Musikschlaf

Sägebrecht schlief im Konzert immer ein. Wenn die Musik leise wurde, hörte man ihn schnarchen, und die Leute drehten sich nach ihm um. Dann stieß ihn der Nachbar an und sagte böse: „Sie können doch hier nicht schnarchen!"
Einmal schnarchte Sägebrecht so laut, dass der Dirigent mit seinem Taktstock aufs Pult klopfte und die Musik aufhörte. Dann drehte der Dirigent sich um und schaute auf Sägebrecht. Der schlief so fest, dass ihn auch sein Nachbar nicht wachkriegte. Sägebrecht schnarchte: Rrrrrrch! Rrrrrrch! Rrrrrrch! Und alle Leute im Saal schauten auf Sägebrecht und lachten.

Da ließ der Dirigent die Musiker neue Noten auf die Pulte legen. Und dann spielte das Orchester die Sinfonie mit dem Paukenschlag. Das klingt erst ganz leise und dann kommt plötzlich ein lauter Paukenschlag. Bumm!
Da erwachte Sägebrecht und erschreckte sich furchtbar, so sehr, dass er sich vor Schreck in die Hose machte.
„Das passiert mir nicht noch einmal", sagte Sägebrecht, als er wieder zu Hause war. Und ab jetzt nahm er ins Konzert immer einen Wecker mit.

Mm

Wenn die Maus zum Karneval fährt

Zum Karneval – o-bibbele-baus –
Verkleidet sich die kleine **Maus**.
Und setzt – o-hibbele-hobbele-haske –
Sich auf das Schnäuzchen eine **Maske**.
Und auf den Kopf – o-tibbele-tütze –
Setzt sie sich eine kleine **Mütze**.
Und kleidet sich – o-hibbele-hantel –
Mit einem schönen langen **Mantel**.
Sie schneidet ab – o-bibbele-besser –,
Das, was zu lang ist, mit dem **Messer**.

Dann fährt sie los – o-tibbele-tad –
Mit einem großen **Motorrad**.
Sie fährt zu schnell – o-bibbele-bauer –,
Beinahe fährt sie an die **Mauer**.
O-wibbele-wobbele-wabbele-wohnt,
Am Himmel scheint der liebe **Mond**.
Und in der Luft – o-tibbele-täfer –,
Da fliegen die **Marienkäfer**.
O-bibbele-babbele-bobbele-bais,
Am Straßenrand, da wächst der **Mais**.
Da denkt das **Mäuslein** – kibbele-kühle –:
„Den **Mais**, den bring ich in die **Mühle**."
Das ist gelogen? – hibbele-hund –
Na gut. Ich halte schon den **Mund**.

Der blinde Fisch

Es war einmal ein blinder Fisch. Der wäre verhungert, wenn ihm nicht seine Freunde ab und zu etwas zu essen gegeben hätten. Denn er konnte ja nicht sehen, wo im Wasser etwas Essbares herumschwamm. Es waren besonders zwei befreundete Fische, die sich um ihn kümmerten und ihn fast immer begleiteten. Der eine hieß Versorgerli und der andere hieß Vergesserli.

Immer wenn etwas Essbares im Wasser herumschwamm, sagten Versorgerli und Vergesserli ihrem blinden Freund, wohin er schwimmen müsse, um etwas zu schnappen. Und es war auch immer genug da, dass auch Versorgerli und Vergesserli satt wurden.

Aber dann kam ein Jahr, wo die Nahrung knapp wurde. Und da fanden Versorgerli und Vergesserli für sich selbst kaum genug, um satt zu werden. Und so kam es, dass sie manchmal, wenn da endlich etwas Essbares herumschwamm, zuerst an sich dachten und den blinden Fisch weiterhungern ließen. Besonders wenn Versorgerli nicht dabei war, schnappte Vergesserli sich immer die besten Happen. Und wenn der blinde Fisch ihn schmatzen hörte und fragte, ob es etwas zu essen gebe, log Vergesserli frech: „Nein, ich schmatze nur vor Hunger."

Aber eines Tages passierte Folgendes: Wieder einmal waren

der blinde Fisch und Vergesserli allein, weil Versorgerli woanders nach Essbarem suchte. Und beide hatten großen Hunger, weil sie schon seit Tagen nichts zum Essen gefunden hatten.
Da sah Vergesserli plötzlich einen großen Wurm im Wasser schwimmen. „Soll ich den mit meinem blinden Freund teilen?“, fragte er sich. „Ach nein“, dachte er, „ich hab einen so großen Hunger, ich muss den ganzen Wurm essen. Und mein blinder Freund weiß ja nicht, dass da so ein dicker Wurm schwimmt. Ich darf nur nicht so laut schmatzen.“
Und dann schwamm Vergesserli hin zu dem Wurm und schnappte ihn mit einem Biss. Aber – o weh! – er biss nicht nur auf den Wurm, sondern auch auf einen Angelhaken und spürte, wie er nach oben gezogen wurde.
Als der blinde Fisch nichts mehr von seinem Freund hörte, rief er: „Wo bist du?“ Aber er bekam keine Antwort. Und als Versorgerli wiederkam und fragte: „Wo ist denn Vergesserli?“, da konnte der blinde Fisch nur sagen: „Ich weiß es nicht.“
Versorgerli hatte einen langen Wurm mitgebracht und sagte: „Den teilen wir jetzt in drei Teile, einen für dich, einen für mich und einen für Vergesserli.“ Ja, so machten sie es.
Aber als Vergesserli am Abend immer noch nicht wieder da war, teilten sie sich auch noch das Stück, das sie für ihn aufgehoben hatten. Versorgerli sagte: „Der wird wohl was Besseres gefunden haben.“

Nn

Der Vogel und die Nuss

O-bibbele-babbele-bobbele-best,
Ein Vogel sitzt in seinem **Nest**.
Was macht er da? – O-schibbele-schoten –,
Er singt den ganzen Tag nach **Noten**.
Doch plötzlich schweigt er – kibbele-kuss –,
In seinem Hals steckt eine **Nuss**.
Der Vogeldoktor – bibbele-bagel –
Holt sie heraus mit einem **Nagel**.
Jetzt singt er wieder – tirili-tetz –
Und sammelt **Nüsse** in dem **Netz**.
Da freun sich meine Kinderlein,
Es sind nicht sieben, sondern **neun**.
Ihr Kinder, seid nicht so verfressen,
Beim Singen darf man doch nicht essen!
Wenn ihr nicht lieb seid – bibbele-base –,
Kriegt ihr von mir was auf die **Nase**.

Der Drachen Kiek-in-de-Welt

Ihr wisst ja, dass im Herbst die Kinder Drachen fliegen lassen. Louisa hatte einen Drachen zum Geburtstag gekriegt. Der hatte ein Gesicht mit zwei großen Augen und hieß Kiek-in-de-Welt. Denn er war sehr neugierig und wollte viel von der Welt sehen.

Natürlich muss der Wind wehen, wenn Drachen fliegen sollen. Und nun war es schon ein paar Tage lang windstill. Da wurde es dem Drachen Kiek-in-de-Welt langweilig in Louisas Zimmer. Und er dachte: „Bei nächster Gelegenheit fliege ich einfach weg in die weite Welt!“

Dann kam ein Tag, an dem der Wind wehte, und Louisa ging mit ihrem Vater und dem Drachen auf die Wiese. Der Vater warf den Drachen in die Luft und Louisa hielt die Schnur fest. Dann ließ sie immer mehr Schnur ab und der Drachen flog höher und höher. Schließlich verschwand er hinter einer Wolke.

Nach einiger Zeit wollte Louisa den Drachen wieder herunterziehen. Aber so stark sie auch an der Schnur zog, der Drachen kam nicht wieder herunter. Dann gab sie dem Vater die Schnur. Aber auch der schaffte es nicht.

„Was ist denn nun passiert?“, fragte Louisa.

„Vielleicht ist die Schnur an einer Wolke hängen geblieben“, sagte der Vater.

Aber dann gab es plötzlich einen Ruck und die Schnur fiel herunter. Da war aber kein Drachen mehr dran.
„Was ist denn nun passiert?“, fragte Louisa.
„Ich glaube, der Drachen hat sich losgerissen“, sagte der Vater, „und hat sich in der Wolke schlafen gelegt.“
Da kullerten Louisa ein paar Tränen über das Gesicht und sie war ziemlich traurig.
„Vielleicht kommt er ja beim nächsten Regen wieder herunter“, sagte der Vater. Aber so viel es auch regnete, der Drachen blieb verschwunden.
Die Geschichte ist aber noch nicht aus. Ich will euch erzählen, was passiert ist.
Als der Drachen da oben über den Wolken flog, kamen plötzlich ganz viele Störche vorbei.
„Hallo!“, rief Kiek-in-de-Welt. „Wo fliegt ihr denn hin?“
„Wir fliegen nach Afrika, weil es hier im Winter zu kalt für uns wird“, sagte einer der Störche, „denn in Afrika scheint die Sonne, wenn es hier in Europa friert.“
„Dann möchte ich mit euch nach Afrika fliegen“, sagte Kiek-in-de-Welt.
„Wer bist du denn?“, fragte der Storch.
„Ich bin der Drachen Kiek-in-de-Welt. Und wer bist du?“
„Ich bin der Storch Adebar.“
„Nimm mich doch mit, Adebar!“, sagte der Drachen. „Ich möchte mir so gern die Welt ansehen“.
„Aber du bist ja an einer Schnur fest“, sagte Adebar.

„Kannst du nicht die Schnur durchbeißen?“, fragte Kiek-in-de-Welt.
„Ich will es mal versuchen“, sagte der Storch und fing an mit seinem langen Schnabel an der Schnur herumzubeißen. Und richtig, plötzlich war die Schnur entzwei und der Drachen flog mit den Störchen weg.
Das war ein weiter Flug über viele Länder bis nach Afrika. Und Kiek-in-de-Welt juchzte vor Freude, weil es so viel zu sehen gab. Als sie in Afrika ankamen, sah er Löwen und Giraffen, Elefanten und Affen, Palmen mit Kokosnüssen und Ananas und ganz viele Menschen mit schwarzer Haut. Und Kiek-in-de-Welt freundete sich mit den schwarzen Kindern an.
Aber nach einigen Tagen wurde es Kiek-in-de-Welt auch in Afrika langweilig. Und an manchem Abend kullerten ihm Tränen über das Gesicht, denn er hatte Sehnsucht nach Louisa.
„Ach, wäre ich doch nicht weggeflogen“, sagte er dann, „es war so schön bei Louisa.“
Eines Tages kriegte der Drachen Besuch von dem Storch Adebar.
„Na, wie gefällt es dir denn in Afrika?“, fragte der Storch.
„Ach“, sagte Kiek-in-de-Welt, „es ist ja schön warm hier und die schwarzen Kinder sind auch sehr lieb. Aber am liebsten ist doch Louisa. Ich wäre so gern wieder bei ihr. Aber ich finde ja den Weg nicht allein.“

„Da musst du noch bis zum nächsten Frühjahr warten, dann kannst du mit uns fliegen“, sagte der Storch.
Und richtig, als die Störche im nächsten Jahr wieder nach Europa flogen, nahmen sie den Drachen mit.
Eines Tages klopfte es an Louisas Fenster. Und als Louisa rausschaute, stand der Drachen Kiek-in-de-Welt davor und wollte rein.
„Da bist du ja wieder“, sagte Louisa, „wo bist du denn so lange gewesen?“
„Ich war mit den Störchen in Afrika“, sagte Kiek-in-de-Welt. Und dann gab es ganz viel zu erzählen von Löwen und Giraffen, von Elefanten und Affen, von Palmen mit

Kokosnüssen und Ananas und von den vielen Menschen mit schwarzer Haut.
„Aber ich habe Sehnsucht nach dir gehabt“, sagte Kiek-in-de-Welt, „und manchmal habe ich geweint. Ich bin ja so froh, dass ich wieder bei dir bin.“
„Fliegst du nun auch nicht wieder weg?“, fragte Louisa.
„Nein“, sagte Kiek-in-de-Welt, „jetzt bleibe ich immer bei dir. Bei dir ist es doch am schönsten“.

Oo

Oma macht Feierabend

O-bibbele-bobbele-babbele-boma,
In ihrem Sessel sitzt die **Oma**.
Sie hat – o-mibbele-mabbele-mohr –
Ein Hörgerät im linken **Ohr**.
Und vor ihr steht – o-bibbele-bobst –
Ein kleiner Korb mit frischem **Obst**.

Doch – mibbele-mobbele-mabbele-mordner –
Was macht die **Oma** mit dem **Ordner**?
Sie schmeißt – o-bibbele-babbele-bofen –
Die Liebesbriefe in den **Ofen**.
Und danach isst sie – mibbele-mangsche –
Noch eine köstliche **Orange**.

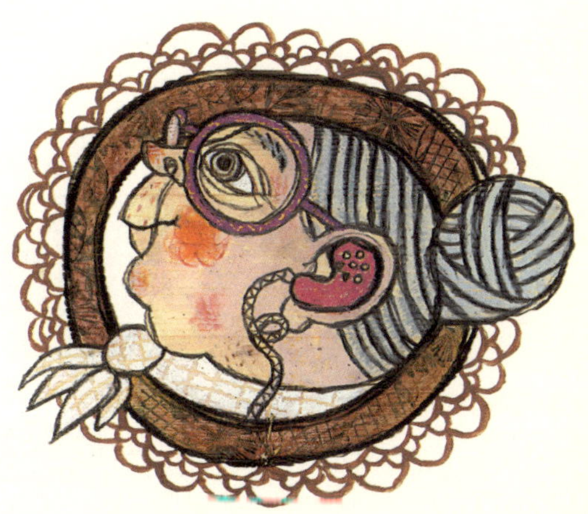

Die sparsame Eisenbahn

Alle wissen, dass Herr Tubendrücker ein sparsamer Mann ist. Aber noch nicht jeder weiß, dass er der Chef von der Eisenbahn geworden ist. Und seitdem wird auch bei der Eisenbahn gespart.

Zuerst ließ er die Sitze aus den Wagen herausnehmen, damit mehr Fahrgäste hineinpassten. Die mussten jetzt stehen. Und solange die Wagen voll waren, konnte auch keiner umfallen, weil sie so eng standen.

Dann sparte er die Fensterscheiben und die Dächer ein und ließ die Fahrgäste im Regen stehen. Natürlich gab es auch keinen Speisewagen und kein Klo mehr im Zug, weil auch das Geld kostete.

Und schließlich fand er, dass man auch einige Räder einsparen könnte, und ließ die Wagen nur noch auf zwei Rädern fahren. Da mussten die Fahrgäste wie beim Fahrradfahren balancieren, damit die Wagen nicht umfielen. Aber eines Tages wollte niemand mehr mit der Eisenbahn fahren und Herrn Tubendrückers Züge blieben leer. Da schickte Herr Tubendrücker die Lokomotivführer und die Zugschaffner nach Hause und verkaufte die Lokomotiven und die Wagen an einen Schrotthändler. Seitdem fahren alle Leute mit Fahrrädern. Und Herr Tubendrücker reibt sich die Hände und sagt: „Das ist überhaupt die billigste Lösung!"

Pp

Ein Polizist jagt einen Räuber

Ein Räuber im Auto – o-bibbele-bist –
Und hinter ihm her jagt ein **Polizist**.
Was hat er gestohlen? – O-tibbele-teet –,
Im Auto, da liegt ja ein großes **Paket**.
Und auf dem **Paket** sitzt – o-bibbele-bien –
Ein richtiger lebender **Pinguin**.
Den hat er gestohlen – o-tibbele-tilzen –
Und außerdem noch einen Beutel mit **Pilzen**.
„Ach lass ihn doch laufen“ – o-tandaradei –,
Ruft hoch auf der **Palme** ein **Papagei**.
„Und geh doch nach Hause – o-stibbele-stoffeln –
Und wärm dich am Ofen mit Bier und **Pantoffeln**.“
„Halt’s Maul“, ruft der **Polizist** – o-tibbele-talme –,
„Du dämlicher Vogel da auf der **Palme**!“

Das Hasenbad

Einmal, als Antonia bei der Großmutter zu Besuch war, klingelte es frühmorgens an der Haustür. Die Großmutter schlief noch, weil Sonntag war. Aber Antonia war schon wach und ging zur Tür. Und wisst ihr, wer vor der Tür stand? – Der Hase Puschelschwanz.

„Nanu“, sagte Antonia, „was willst du denn hier?“

„Kann ich bei euch mal in die Badewanne?“, fragte der Hase.

„Ja, klar“, sagte Antonia, „wir haben schon lange keinen Hasen mehr in der Badewanne gehabt.“

Und dann merkte sie, dass der Hase roch – nein, schlimmer – er stank wie die Pest.

„Du stinkst ja wie die Pest“, sagte Antonia.

„Ich stinke nicht wie die Pest, ich stinke nach Gülle“, sagte der Hase.

„Wie kommt denn das?“, fragte Antonia.

„Ja, ich schlafe friedlich auf der Wiese, da kommt der Bauer mit seinem Trecker und spritzt mich mit Gülle voll.“

„Das ist ja furchtbar“, sagte Antonia, „komm rein, ich lasse schon Wasser ein.“

Dann trappelte der Hase Puschelschwanz hinter Antonia her zum Badezimmer und hinterließ auf Großmutters Fußboden eine Kleckerspur von Gülle.

„Ach, tut das gut“, sagte der Hase, als er sich im warmen Wasser aalte. Antonia schrubbelte ihm den Rücken mit der Bürste. Und dann gab sie ihm ein paar Schwimmenten zum Spielen. Das Wasser in der Wanne wurde ganz schön schmutzig.

Als der Hase Puschelschwanz sich gerade mit dem Handtuch abtrocknete, klingelte es schon wieder an der Haustür. Antonia lief hin und machte auf. Und wer stand da? Die Frau vom Hasen Puschelschwanz, Frau Puschelschwänzin.

„Nanu“, sagte Antonia, „was willst du denn hier?“

„Ich suche meinen Mann", sagte die Puschelschwänzin, „hast du ihn gesehen?"
„Ja, der hat gerade in unserer Badewanne gebadet."
Und dann merkte sie, dass die Puschelschwänzin auch nach Gülle stank.
„Du stinkst ja genauso wie dein Mann", sagte Antonia.
„Ja", sagte die Puschelschwänzin, „ich habe meinen Mann, den Puschelschwanz, gesucht. Und da bin ich in die Gülle geraten, die der Bauer gerade auf sein Feld gesprüht hat. Kann ich wohl auch mal bei euch in die Badewanne?"
„Ja, sicher", sagte Antonia, „ich lasse schnell frisches Wasser ein."
Und dann trappelte die Häsin hinter Antonia her ins Badezimmer und hinterließ noch eine stinkende Kleckerspur auf Großmutters Fußboden.
Der Hase Puschelschwanz war eigentlich schon trocken, aber als er sah, wie seine Frau in die Badewanne stieg, hüpfte er mit hinein. Denn er hatte schon lange nicht mehr mit seiner Frau zusammen gebadet. Antonia schrubbelte auch die Puschelschwänzin mit der Bürste sauber. Und dann spielten die beiden Hasen in der Badewanne mit Schwimmenten.
Irgendwann wurde die Großmutter wach und stand auf. Als sie ins Wohnzimmer kam, zog ihr der Güllegestank in die Nase.
„Wie stinkt denn das hier?", fragte sie Antonia.

„Das kommt von den Hasen“, sagte Antonia.
„Was erzählst du da? Es stinkt doch nicht nach Hasen, sondern nach Gülle.“
„Ja, die Hasen sind in die Gülle geraten. Und jetzt sitzen sie in deiner Badewanne.“
„Was, in meiner Badewanne sitzen Hasen? Das gibt’s doch nicht“, sagte die Großmutter und schaute ins Badezimmer. „Ich glaub, mich tritt ein Pferd, da sitzen doch tatsächlich zwei Hasen in meiner Badewanne und mein ganzes Haus stinkt nach Gülle. Ihr habt wohl einen Vogel, mir das Haus voll Gülle zu schleppen!“
„Nichts für ungut“, sagten die beiden Hasen, die schnell

aus der Wanne sprangen und sich abtrockneten. „Wir gehen auch gleich wieder."
„Darum möchte ich gebeten haben", sagte die Großmutter. „Und wer macht den ganzen Dreck weg?"
„Wir kommen gleich mit Eimer und Scheuerlappen wieder", sagte die Puschelschwänzin.
„Na, wer das glaubt", sagte die Großmutter und schimpfte noch eine Zeit lang vor sich hin.
Sie wusste nicht, dass Hasen halten, was sie versprechen. Puschelschwanz und Puschelschwänzin kamen wirklich mit Eimer und Scheuerlappen zurück und haben die Wohnung und die Badewanne wieder sauber gemacht. Und Antonia hat ihnen dabei geholfen.
Da staunte die Großmutter. „Ihr seid wirklich toll", sagte sie, „wenn ihr wollt, könnt ihr gern mal wiederkommen und in meiner Badewanne baden."

Qq

Ein Gedicht mit Q

Wer macht jetzt ein Gedicht mit **Q**?
Vielleicht du? –
In **Quedlinburg** war eine **Qualle**,
Die hatte sie nicht alle.
Sie stellte sich **quer**
Und fiel in den Matsch.
So ein **Quatsch**. –
Bitte sehr!

Der singende Hund

Louisa und Antonia hatten sich mit Schips, dem kleinen Hund, angefreundet. Sie hatten ihm allerlei Kunststücke beigebracht. Er konnte Purzelbaum schlagen, er konnte auf dem Zaun balancieren, er konnte Kopfstand machen. Aber besonders gut konnte er Sachen in der Luft schnappen, die Louisa und Antonia hochgeworfen hatten, Stöcke, Bälle, Würste und so was.

Louisa und Antonia merkten bald, dass Schips mehr konnte als andere Hunde. Und eines Tages passierte Folgendes: Antonia und Purzel hörten zu, wie Louisa ein Lied sang. Sie sang:

> „Kuckuck, Kuckuck ruft aus dem Wald.
> Lasset uns singen, lasset uns springen,
> Frühling, Frühling wird es nun bald."

Sie sang es ein paar Mal hintereinander, damit Antonia es auch lernen sollte.
Schips machte auch ganz große Ohren und fing an immer im Takt in die Luft zu springen.
Plötzlich hörte man von Louisas Gesang gar nichts mehr. Sie machte den Mund auf und strengte sich an und pustete, aber da war nichts mehr zu hören.
„Du singst ja komisch", sagte Antonia, „du verschluckst ja alle Töne."
„Nein", sagte Louisa, „ich singe so laut, wie ich kann. Aber hast du nicht gesehen, wie der Hund dauernd hochgesprungen ist und nach meinen Tönen geschnappt hat? Ich glaube, der Schips verschluckt die Töne."
Und richtig, da spuckte Schips die Töne wieder aus und fing an zu singen, etwas hundemäßig bellend, aber man konnte es gut verstehen:

„Kuckuck, Kuckuck ruft aus dem Wald.
Lasset uns singen, lasset uns springen,
Frühling, Frühling wird es nun bald.“

„Das ist ja toll!“, sagten Louisa und Antonia. „Jetzt kann der Hund auch noch singen.“

„Lass uns mal was Zweistimmiges singen. Mal sehen, ob er auch zweite Stimme singen kann.“

Und dann sangen sie was Zweistimmiges. Und richtig, der Hund verschluckte wieder die Töne der beiden Mädchen. Aber nun sang er nicht nur die zweite Stimme, sondern beide Stimmen gleichzeitig.

„Das ist ja toll!“, sagten Louisa und Antonia. „Jetzt kann der Hund auch noch zweistimmig singen.“

Zu Großmutters Geburtstag haben Louisa und Antonia sich eine ganz besondere Überraschung ausgedacht. Sie fanden im Liederbuch einen Kanon, den man vierstimmig singen kann:

Bruder Jakob, Bruder Jakob!
Schläfst du noch? Schläfst du noch?
Hörst du nicht die Glocken, hörst du nicht die Glocken?
Ding dang dong, ding dang, dong!

Diesen Kanon haben sie der Großmutter zusammen mit Schips vierstimmig vorgesungen.

Rr

Die Raupe mit dem Rucksack

O-schnibbele-schnabbele-schnobbele-schnaupe,
Es war einmal eine grüne **Raupe**.
Die hatte – o-bibbele-babbele-bücken –
Wohl einen **Rucksack** auf ihrem **Rücken**.
Und darin war – o-hibbele-hose –
Ein **Ring**, ein **Rad** und eine **Rose**
Und außerdem ein **Radio**.
O-hollala-holla-holladrio!
Ihr glaubt es nicht? Fürwahr, ich schwöre,
Sie kroch damit in eine **Röhre**.

Das Pferd Huppdiwupp im Krankenhaus

Einmal hatte das Pferd Huppdiwupp sich das Bein gebrochen. Es hatte mal wieder über Großmutters Häuschen springen wollen und war dabei über einen kleinen Stein gestolpert.

Ja, so was kann vorkommen.

Die kleine Antonia hatte das Pferd entdeckt, wie es da auf der Wiese lag und jammerte.

„Du armes Pferd!“, sagte sie und streichelte ihm über das gebrochene Bein.

„Au, au!“, jammerte das Pferd. „Das tut weh. Ich muss ins Krankenhaus.“

Antonia hatte zum Glück ein Handy dabei und rief gleich im Krankenhaus an.

„Hallo, hier ist Antonia. Es muss gleich ein Krankenwagen kommen. Hier liegt ein Pferd auf der Wiese, das hat sich ein Bein gebrochen.“

„Was ist los?“, sagte die Stimme im Telefon. „Ein Pferd auf der Wiese? Da sind Sie falsch verbunden. Rufen Sie den Tierarzt an. Ein Pferd kann doch nicht ins Krankenhaus für Menschen.“

„Doch doch“, sagte Antonia. „Das ist kein gewöhnliches Pferd. Das ist das Pferd Huppdiwupp. Das kann über Häuser springen.“

„Ja, das ist natürlich etwas anderes“, sagte die Stimme. Was soll ich euch sagen, nach zehn Minuten war ein Krankenwagen da und lud das Pferd Huppdiwupp ein. Und Antonia fuhr mit ins Krankenhaus, damit die Krankenträger das Pferd auch richtig ablieferten.
Der Doktor hatte auch schon mal was vom Pferd Huppdiwupp gehört und sah sofort ein, dass das Pferd hier genau richtig war. Er legte dem gebrochenen Bein eine Schiene an und sorgte dafür, dass das Pferd ein besonders schönes Zimmer mit Blick in den Garten kriegte.
Da war noch ein zweites Bett im Zimmer, in dem eine Frau schlief. Als sie aufwachte und sich umdrehte, sah das Pferd Huppdiwupp, dass es die Großmutter war, die es schon von früher kannte.

„Hallo!“, sagte die Großmutter. „Du bist doch das Pferd Huppdiwupp.“
„Ja, das bin ich“, sagte das Pferd. „Und du bist die Großmutter mit dem Häuschen.“
„Ja, das bin ich“, sagte die Großmutter. „Bist du wieder mal über mein Häuschen gesprungen?“
„Ja, ich wollte über dein Häuschen springen“, sagte das Pferd, „aber ich bin dabei über einen kleinen Stein gestolpert und habe mir ein Bein gebrochen. Und darum musste ich ins Krankenhaus. Und warum bist du hier?“
„Ich bin mit meinem Motorrad gestürzt“, sagte die Großmutter. „Ich bin zu schnell in die Kurve gegangen.“
Na, die beiden haben sich noch viel erzählt und sich prächtig verstanden und sind bald wieder gesund geworden.
Als sie das Krankenhaus verließen, kam der Doktor und sagte zur Großmutter: „Aber nicht gleich wieder Motorrad fahren!“
„Ist gut“, sagte die Großmutter.
Und zum Pferd Huppdiwupp sagte er: „Aber nicht gleich wieder über Häuser springen!“ Das Pferd Huppdiwupp wieherte und das kann alles heißen.
Natürlich hatte die Großmutter ein Taxi bestellt, ein besonders großes, damit das Pferd auch hineinpasste.
„Soll das Pferd auch mit?“, fragte der Taxifahrer.
„Selbstverständlich“, sagte die Großmutter, „das ist doch das Pferd Huppdiwupp, das über Häuser springen kann.“

„Ach so“, sagte der Taxifahrer, der auch schon mal was vom Pferd Huppdiwupp gehört hatte. Und dann stiegen sie beide ein, die Großmutter und das Pferd Huppdiwupp.
An einer Kreuzung wurde das Auto von einem Polizisten angehalten. „Wissen Sie nicht, dass es verboten ist, Pferde mit einem Taxi zu befördern?“, fragte er den Taxifahrer.
„Ja, aber das ist doch das Pferd Huppdiwupp, das über Häuser springen kann“, sagte der Taxifahrer.
Der Polizist hatte noch nie was vom Pferd Huppdiwupp gehört und sagte: „Pferde, die über Häuser springen können, gibt es nicht.“
„Das Pferd Huppdiwupp kann das aber“, sagte die Großmutter.
„Dann soll es gefälligst zu Fuß gehen“, sagte der Polizist.
„Hören Sie mal“, sagte die Großmutter, „wir kommen gerade aus dem Krankenhaus, weil wir uns Knochen gebrochen hatten. Wir können doch nicht zu Fuß gehen.“
„Jetzt lügen Sie schon wieder“, sagte der Polizist. Denn er hatte noch nie davon gehört, dass ein Pferd im Krankenhaus liegt.
„Wollen Sie uns beleidigen?“, sagte die Großmutter. „Rufen Sie mal gleich im Krankenhaus an, ob ich die Wahrheit gesagt habe.“
Na, der Polizist holte sein Handy aus der Tasche und rief beim Krankenhaus an.
„Hallo, ist dort das Krankenhaus?“

„Ja, hier ist das Krankenhaus.“
„Also, hier fährt eine Großmutter mit einem Pferd im Taxi und behauptet, sie kämen gerade aus dem Krankenhaus. Das ist doch gelogen, nicht wahr?“
„Das ist nicht gelogen, das ist doch das Pferd Huppdiwupp, das über Häuser springen kann.“
„Ach so“, sagte der Polizist. Und zum Taxifahrer sagte er: „Na, wenn das Pferd über Häuser springen kann, dann kann es auch mit dem Taxi fahren.“
„Sie sind ein guter Polizist“, sagte die Großmutter, „Sie können mit uns fahren.“
Ja, und dann ist der Polizist auch noch eingestiegen und in Großmutters Häuschen haben sie alle zusammen gefrühstückt: die Großmutter, der Polizist, der Taxifahrer, das Pferd Huppdiwupp – und wer noch? – Die kleine Antonia natürlich, die das Pferd Huppdiwupp auf der Wiese gefunden hatte.

Ss

Seemannsgarn

Es fuhr einmal – o-bibbele-bee –
Ein **Segelschiff** auf hoher **See**.
Es schwankt das **Schiff** von Luv nach Lee,
Denn wild bewegt ist heut die **See**.
Am Ruder sitzt der Kapitän,
Der heißt **Sebastian Siebenschön**.
O-bibbele-babbele-bobbele-bisch
Verfolgt von einem **Sägefisch**,
O-bibbele-babbele-bobbele-biff,
Geriet er auf ein Felsenriff.
Sein **Schiff** ging unter – bibbele-beil –,
Er rettet sich mit einem **Seil**.
Verloren waren seine **Sachen**,
Da war nun leider nichts zu machen.
„Hier wird es keine Hilfe geben!
So endet nun mein **Seemannsleben**."
Doch auf dem Felsen, welch ein Glück,
Ließ jemand einen **Sack** zurück.
Und in dem **Sack** – o-bibbele-borte –
War eine schöne **Sahnetorte**.

So litt der Käpten keine Not
Und starb auch nicht den **Seemannstod**.
Denn schon im ersten Abendrot
Erschien ein **Seenotrettungsboot**,
Das ihn auf seinem Felsen fand.
Das brachte ihn ans feste Land.
O-bibbele-babbele-bobbele-barn,
Dort spinnt er nun sein **Seemannsgarn**.
Man glaubt ihm gerne alle Worte,
Nur das nicht mit der **Sahnetorte**.

Das baufällige Hotel

Eines Tages kam der Großvater auf einer Reise mit seiner Tochter Irmela und seiner Enkeltochter Janine in eine fremde Stadt. Die kleine Janine war erst ein paar Wochen alt und schlief in einem Tragegurt auf Großvaters Brust. Auch der Großvater und seine Tochter waren schon sehr müde und so suchten sie ein Hotel für die Übernachtung. Da sahen sie an einem Haus ein Schild „Hotel zur Goldenen Krone".

„Das hört sich gut an und sieht auch ganz ordentlich aus", sagte der Großvater, „da können wir sicher gut schlafen."

Der Hoteldirektor freute sich, dass Gäste kamen. Sein Hotel war nämlich eigentlich eine Bruchbude, in die nur wenige Gäste einkehrten, die das Hotel noch nicht kannten. Der Hoteldirektor, Herr Bruchmann, hätte sein Hotel längst schon mal reparieren lassen müssen. Aber er war ein bisschen geizig. Und so waren die Fußböden und die Decken ziemlich morsch und brüchig. Doch von außen konnte man das nicht gleich sehen. Und so fragte der Großvater, ob ein Zimmer frei sei.

„Ja, ein sehr schönes Zimmer“, sagte der Hoteldirektor, „es liegt im dritten Stock und Sie haben einen wunderbaren Blick über die ganze Stadt. Hier ist der Zimmerschlüssel.“
Sie gingen die Treppe rauf, die ein bisschen knarrte. Und dann schloss der Großvater das Zimmer auf. Das sah auch ganz gemütlich aus. Nur der Fußboden knarrte noch ein bisschen mehr als die Treppe.
„Da müsste wohl mal ein Handwerker her und den Fußboden erneuern“, sagte der Großvater.
Und kaum hatte er das gesagt, da brach unter ihm ein Brett und der Großvater versank mit Janine vor der Brust im Fußboden. Wie weit er eingesunken ist? Na, so etwa bis zur Hüfte.
Natürlich wollte der Großvater schnell aus dem Loch heraus. Aber Janines Mutter rief: „Halt! Das muss ich fotografieren. Bleib noch einen Augenblick so!“
Na, der Großvater wartete, bis Janines Mutter den Fotoapparat geholt und mit Blitzlicht fotografiert hatte. Aber dabei sank er mit dem Kind auf der Brust immer tiefer und tiefer.
Und plötzlich fiel er durch den Fußboden und durch die Decke des darunter liegenden Zimmers. Zufällig war das ein Badezimmer und der Großvater fiel mit dem Kind genau in die Badewanne. Es war Wasser in der Wanne, sodass die beiden weich fielen, und warm war es auch. Und Janine schlief weiter auf Großvaters Brust.

Aber da war eine Frau, die gerade in die Badewanne steigen wollte. Und die sagte: „Was machen Sie denn in meiner Badewanne?"
Der Großvater wollte der Frau gerade die Sache erklären, da rief von oben Janines Mutter durch das Loch in der Decke: „Halt! Das muss ich fotografieren. Bleib noch einen Augenblick so!" Na, der Großvater wartete, bis Janines Mutter mit Blitzlicht fotografiert hatte.
Aber plötzlich versank die Badewanne mit dem Großvater

und dem Kind auch hier im Fußboden und brach durch die Decke des darunter liegenden Zimmers. Sie landeten genau auf dem Schreibtisch des Hoteldirektors, der erschrocken aufsprang und ziemlich nass wurde.

„Was machen Sie denn auf meinem Schreibtisch?“, fragte der Hoteldirektor.

„Ich wollte mal in der Hoteldirektion baden“, sagte der Großvater. „Und im Übrigen können Sie das Gepäck aus unserem Zimmer holen lassen, wir ziehen um in ein anderes Hotel.“

Als der Großvater mit dem schlafenden Kind gerade aus der Badewanne steigen wollte, kam Janines Mutter durch das Loch in der Decke gesprungen und rief: „Halt! Das muss ich fotografieren. Bleibt alle noch einen Augenblick so!“

Na, der Großvater planschte weiter in der Badewanne, und der Hoteldirektor setzte sich wieder an seinen Schreibtisch und zupfte an seinem Schnurrbart, weil er auf dem Foto gut aussehen wollte. Und nachdem Janines Mutter alles mit Blitzlicht fotografiert hatte, konnten die Männer endlich ihre nassen Hosen ausziehen.

Sch

Die Schneckenschule

O-bibbele-babbele-becken,
War mal eine **Schule** für **Schnecken**.
O-kibbele-kabbele-kernen,
Ich frag mich: Was war da zu lernen?
O-tibbele-tabbele-teichen,
Sie sollten wohl **schneller** mal **schleichen**.
O-bibbele-babbele-baffen,
Wie man sieht, war das nicht zu **schaffen**.

Frau Klimpermunters Hauskonzert
oder
Die Mäusehochzeit

Wenn Frau Klimpermunter Klavier spielt, tanzen die Mäuse. Am liebsten tanzen sie Walzer. Aber manchmal auch Tango. Und in lauen Sommernächten tanzen sie auch zur Mondscheinsonate.

Wenn Frau Klimpermunter nichts mehr einfällt, was sie noch spielen könnte, fragt sie die Mäuse. Und die piepsen dann ihre Wünsche: „Heute mal was von Mozart", oder so.

Einmal wurde bei den Mäusen Hochzeit gehalten. Und da kam die Mäusebraut angelaufen und fragte: „Können Sie auch den Hochzeitsmarsch?"

„Ja, natürlich", sagte Frau Klimpermunter und legte gleich los.

„Das ist gut", sagte die Mäusebraut.

„Wann soll es denn losgehen mit der Hochzeit?", fragte Frau Klimpermunter.

„Morgen Abend", sagte die Mäusebraut, „Sie kriegen auch was vom Hochzeitsbraten ab."

„Da bin ich aber gespannt", sagte Frau Klimpermunter.

Am nächsten Abend erschien also der Mäusehochzeitszug. Vorweg zwei kleine Mäusekinder, die Blumen streuten. Und dann kam der Mäusebräutigam im Frack und die Mäusebraut im weißen Kleid mit Schleier. Und hinterher die Hochzeitsgäste, alle feierlich gekleidet. Und Frau Klimpermunter spielte den Hochzeitsmarsch.

Aber als dann zu Tisch gebeten wurde, wollte Frau Klimpermunter nicht mitessen. Denn es gab Katzenbraten.

Tt

Ein gedeckter Tisch

O-bibbele-babbele-bobbele-bisch,
Im Zimmer steht ein langer **Tisch**.
O-hibbele-habbele-hobbele-heller,
Und darauf Messer, Gabeln, **Teller**.
O-bibbele-babbele-bobbele-bassen,
Nicht zu vergessen sind die **Tassen**.
O-hibbele-habbele-hobbele-haft,
Auch Gläser für **Tomatensaft**.
O-bibbele-babbele-bobbele-biene,
Die Suppe ist in der **Terrine**.
Und in der Mitte – hibbele-horte –
Steht eine wunderbare **Torte**.
Natürlich liegt ein **Tischtuch** drunter,
Wenn man dran zieht, fällt alles runter.

Wer fährt das Feuerwehrauto?

Weiß der Teufel, wo Philipp Auto fahren gelernt hat. Vielleicht auf dem Jahrmarkt im Autoskooter? Oder hat ihn etwa jemand verbotenerweise ans Steuer gesetzt? Jedenfalls darf die Polizei das nicht wissen. Denn mit acht Jahren darf man ja noch nicht Auto fahren.

Aber wie gut, dass er schon Auto fahren konnte, als es in Kleinkleckersdorf brannte. Ja, da brannte eine Scheune, und weit und breit war keine Feuerwehr zu sehen. Denn die Feuerwehr feierte gerade ein Fest. Da rannten die Leute, die das Feuer gesehen hatten, ins Gasthaus, wo die Feuerwehr fröhlich feierte.

Und die Leute riefen: „Es brennt! Es brennt!“ Erst lachten die Feuerwehrleute nur, weil sie dachten, die machten Spaß.

Als sie merkten, dass es Ernst war, liefen sie zu ihrem großen Feuerwehrauto. „Aber wer fährt?“, fragten sie, denn sie hatten schon so viel Bier und Schnaps getrunken, dass keiner mehr das große Feuerwehrauto fahren konnte.
„Ist hier jemand, der Auto fahren kann?“, riefen sie. Aber alle schüttelten mit dem Kopf.
Ein Glück, dass Philipp gerade vorbeikam. „Ich kann euch fahren“, rief er.
Da lachten sie. „Wie willst du Knirps denn das große Feuerwehrauto fahren?“
„Ich habe zufällig meine Stelzen dabei“, sagte er, „damit komme ich am Gaspedal, an der Kupplung und am Bremspedal an. Los, einsteigen!“
Was blieb den Feuerwehrleuten anderes übrig, als Philipp fahren zu lassen. Denn die Scheune wollten sie ja nicht abbrennen lassen. Und schnell stiegen sie ein und los ging’s!

Philipp fuhr wie ein gelernter Rennfahrer das große Feuerwehrauto um die Kurven. Und er ließ die Sirene heulen – Tatü-tata! Tatü-tata! Und alle anderen Autos mussten anhalten und dem Feuerwehrauto Platz machen.
Man sah schon in der Ferne die brennende Scheune, da stand plötzlich ein Polizist auf der Straße und winkte „Halt!" Philipp hielt an und drehte die Scheibe runter.
„Was ist denn das?", sagte der Polizist. „Ein Kind am Steuer? Du hast doch noch gar keinen Führerschein."
Da riefen die Feuerwehrleute von hinten: „Es brennt! Es brennt! Wir müssen weiter."
„Das geht aber nicht", sagte der Polizist.
„Doch doch, das geht", sagten die Feuerwehrleute, „steigen Sie mal ein und sehen Sie zu, wie der Junge fahren kann."
Da stieg der Polizist ein und fing an aufzuschreiben, dass hier jemand ohne Führerschein am Steuer saß. Aber er staunte schon, dass Philipp so gut fahren konnte.
Dann kamen sie bei der brennenden Scheune an, und die Feuerwehrleute sprangen ab, rollten den Schlauch aus und begannen in die Flammen zu spritzen.
Der Polizist war noch immer am Schreiben. Aber als die Feuerwehrleute das Feuer gelöscht hatten, klappte er sein Notizbuch zu und sagte: „Ich drücke mal ein Auge zu. Aber lass dich nicht wieder erwischen."
„Ist gut", sagte Philipp, „hoffentlich brennt es nicht wieder mal irgendwo, wenn gerade Feuerwehrfest ist."

Uu

Der alte Uhu

O-bibbele-babbele-bobbele-buhu,
Im Walde lebt ein alter **Uhu**.
O-mibbele-mabbele-mobbele-mulme,
Er schläft in einer hohlen **Ulme**.
Ihr wisst, er schläft am Tage nur,
Und darum trägt er eine **Uhr**
O-bibbele-babbele-bobbele-benkel,
An seinem linken **Unterschenkel**
O-nibbele-nabbele-nobbele-nicht,
Die weckt ihn, wenn die Nacht anbricht.

Herrn Aktenstaubs Rehbraten

Rechtsanwalt Aktenstaub wollte sich ein neues Hobby zulegen: Er wollte sonntags im Wald Hasen und Rehe schießen. Also ging er ein paar Monate lang in die Jägerschule und lernte, wie man Hasen und Rehe schießt. Dann kaufte er sich einen grünen Jägeranzug, einen grünen Jägermantel, einen grünen Jägerhut und derbe Schuhe und lange, dicke Strümpfe, auch ein paar grüne Hemden und Taschentücher. Dann kaufte er sich ein Fernglas, mit dem man auch bei Nacht sehen kann, eine Thermosflasche und einen Rucksack und ein großes Taschenmesser.
Und dann zwei Gewehre: eine Flinte, aus der man mit Schrot auf Hasen schießt, und eine Büchse, aus der man mit Kugeln auf Rehe schießt. Auch eine Jägerzeitung abonnierte er. Und dann pachtete er ein Jagdrevier, nicht weit von der Stadt, in der er wohnte. Natürlich kaufte er auch ein großes, geländegängiges Auto mit gewaltigen Rädern, damit er schnell in sein Jagdrevier kommen konnte und nicht in den schlammigen Waldwegen stecken blieb.
Als nun alles beisammen war und viel Geld gekostet hatte, ging Herr Aktenstaub zum ersten Mal auf die Jagd. Er pirschte am frühen Morgen durch den Wald. Und nach einiger Zeit sah er auf einer Lichtung ein Reh, das da friedlich äste. Er nahm das Gewehr hoch und legte an.

Aber dann ließ Herr Aktenstaub den Lauf seines Gewehrs sinken. „Das arme Reh will auch noch leben“, sagte er, „ich kann es nicht totschießen.“ Und er zerbrach sein Gewehr und stieg in sein Auto.

Aber dann ist er in die Stadt gefahren und hat im Supermarkt ein Reh gekauft. Und am nächsten Tag gab es bei Aktenstaubs gebratenen Rehrücken. Der Braten hat Herrn Aktenstaub übrigens gut geschmeckt.

Vv

Eine Reise nach Venedig

O-bibbele-babbele-bobbele-beisen,
Sie wollen mit dem Bus verreisen.
Die **Vera** und **Viktoria**,
Viola und **Veronika**.
Der **Vincent** und der **Vivian**,
Der **Victor** und **Valerian**,
Der **Volkert** und der **Valentin**.

„Wo geht denn eure Reise hin?"
„Ach, ist das Wetter gnädig,
Dann fahrn wir nach **Venedig**.
Gibt es aber schlechtes Wetter,
Ist es doch zu Hause netter.
Dann bleiben wir zu Haus
Und steigen wieder aus."

In der Buchstabenklinik

Eines Tages kriegte Louisa einen Brief mit vielen Fehlern. Da waren lauter falsch geschriebene Buchstaben und Wörter drin. Den konnte kein Mensch lesen.
„Der muss in die Buchstabenklinik von Doktor Tintenklex“, sagte die Mutter. Und Louisa rief gleich bei der Buchstabenklinik an: „Hallo, hier ist Louisa. Ich habe hier einen Brief gekriegt, der ist ganz unleserlich mit vielen Fehlern. Haben Sie ein Bett frei?“
„Ja, der Brief kann kommen“, sagte eine Frauenstimme am Telefon.

Also brachte Louisa den Brief in die Buchstabenklinik. Da wurde der Brief von Schwester Tintorette empfangen und bei Doktor Tintenklex auf den Operationstisch gelegt. Doktor Tintenklex setzte seine Brille auf und schaute sich den Brief an. „Na, den hat wohl ein Mäuslein mit dem Schwanz geschrieben“, sagte er.

Dann kriegte der Brief erst mal eine Spritze, damit die Operation ihm nicht wehtat. Und als der Brief eingeschlafen war, griff der Doktor zu einem großen Radiergummi und einem Tintenkuli und begann zu operieren.

„Lippe Louisa“, stand da. Und der Doktor machte daraus: „Liebe Louisa“.

„Fass fünscht tu tir sum gepurdsdak“, ging es weiter. Und der Doktor machte daraus: „Was wünschst du dir zum Geburtstag?“

„Isst pei tir auch so kutes fetter?“, stand da. Und der Doktor machte daraus: „Ist bei dir auch so gutes Wetter?“

Aus „File krüze“ machte der Doktor „Viele Grüße“. Und dann war die Operation fertig.

Natürlich musste der Brief sich noch ein bisschen von der Operation erholen und die Narkose ausschlafen. Deshalb wurde er von Schwester Tintorette ins Bett gelegt. Aber bald konnte er wieder aufstehen.

Und dann kam Louisa und holte den Brief ab.

„Was kostet das?“, fragte Louisa.

„Ach, der Brief ist doch bestimmt in der Krankenkasse“,

sagte die Schwester, „da brauchst du gar nichts zu bezahlen."
„Endlich kann ich den Brief lesen", sagte Louisa, „aber da steht ja gar nicht, von wem der Brief ist."
„Richtig", sagte Schwester Tintorette, „da müssen wir noch mal Doktor Tintenklex fragen."
Der Doktor besah den Brief von vorn und hinten, aber da stand nichts drauf. Dann roch er an dem Brief und sagte:
„Der riecht nach Pferd."
„Ach, dann weiß ich schon Bescheid", sagte Louisa, „der ist vom Pferd Huppdiwupp, das hat in der Schule nicht gut aufgepasst."

Ww

Das Wirtshaus im Winter

Im **Winter** trinkt der **Wirt** den **Wein**
In seinem **Wirtshaus** ganz allein.
Denn wer will schon an **Wintertagen**
Bei Glatteis auf den **Weg** sich wagen?

Die Mücke Pieks in Amerika

Einmal wollte die Mücke Pieks nach Amerika fliegen. Ein paar Freundinnen hatten sie zum Flughafen begleitet und ihr gute Ratschläge gegeben.
Eine sagte: „Pass auf, dass du nicht schon unterwegs totgeschlagen wirst. Du musst dir ein Plätzchen auf einem dicken Mann aussuchen, der kommt mit seinen Händen nicht überall hin."
Eine andere sagte: „Du musst dir bei der Stewardess Tomatensaft bestellen, der schmeckt lecker."
Und eine sagte: „Vergiss auch nicht, in New York auszusteigen, sonst bist du morgen wieder hier."
Auf dem Flughafen verabschiedete sich die Mücke Pieks von ihren Freundinnen, denn durch die Sperre dürfen ja nur Fluggäste. Dann hörte sie die Ansagen durch den Lautsprecher, und so wusste sie, wo man in das Flugzeug nach New York einsteigen musste. Und dann suchte sie sich einen dicken Mann aus und setzte sich unter seinen Pullover.
„Endlich lerne ich Amerika kennen", flüsterte die Mücke Pieks. Sie sprach lieber ganz leise, um nicht zu früh entdeckt zu werden. Und sie stach den dicken Mann auch erst, als er im Flugzeug eingeschlafen war. Sein Blut schmeckte so gut, dass sie auf den Tomatensaft verzichtete. Ja, so kam die kleine Mücke mit dem Flugzeug nach Amerika.

Ihr gefiel es auch gut in Amerika. Wenn sie die Leute in den Hochhäusern, den so genannten Wolkenkratzern, stechen wollte, musste sie ziemlich hoch fliegen. Einmal ist es ihr richtig schwindelig geworden. Aber Mücken können ja nicht runterfallen, weil sie fliegen können, und darum ist ihr auch nichts passiert.
Gefährlich waren auch die vielen Autos auf den Straßen. Da kann man als Mücke so leicht an der Windschutzscheibe kleben bleiben und vom Scheibenwischer zerquetscht werden. Aber auch da hat sie Glück gehabt.

Einmal wäre sie beinahe von einem Auto erwischt worden, aber das musste noch gerade rechtzeitig vor einer roten Ampel halten.
Und einmal hatte sie sich auf ein ganz dickes Brötchen gesetzt, wo Frikadelle und Tomaten- und Gurkenscheiben mit Ketschup und sonst noch was übereinander geschichtet waren. Das hieß Hamburger, wie sie auf einem Schild las. Das schmeckte ihr gut. Aber beinahe wäre sie mitgegessen worden. Sie konnte noch gerade rechtzeitig wegfliegen, als der Amerikaner zubiss.
Natürlich lernte die Mücke Pieks auch amerikanische Mücken kennen. Als sie denen erzählte, dass sie Hamburger gegessen hatte, wurde sie ausgelacht. „Das heißt Hembör-

ger“, erfuhr sie. Und dann kaufte sie sich ein Wörterbuch und lernte fließend Amerikanisch.

Als die Mücke Pieks nach einigen Wochen zurückkam nach Europa, wurde sie von ihren Freundinnen schon am Flughafen erwartet. Denn sie hatte vorher eine E-Mail geschickt und ihre Ankunft angekündigt. Aber natürlich wussten die Mückenfreundinnen nicht, bei welchem Fluggast die Mücke Pieks mitgereist war. Sie guckten besonders auf die dicken Männer. Aber von denen gab es zu viele. Schließlich ließen die Mücken ihre Freundin Pieks ausrufen. Aber die Mücke Pieks meldete sich nicht. „Vielleicht ist sie gar nicht mitgekommen“, sagte eine. Die Mücken wollten schon nach Hause fliegen, da tauchte ihre Freundin plötzlich doch noch auf.

„Hallo Picks“, riefen sie, „wir haben dich schon ausrufen lassen und du hast dich nicht gemeldet.“

„Was habt ihr denn ausrufen lassen?“, fragte die Mücke Pieks.
„Na, wir haben ausrufen lassen: ‚Die Mücke Pieks soll sich bei der Information melden‘“.
Da rümpfte die Mücke Pieks die Nase und sagte: „Ich heiße nicht mehr Pieks, ich heiße jetzt Peiks und schreibe mich Pikes, P-i-k-e-s.“
„Ach so“, sagten die anderen Mücken kleinlaut, „das wussten wir nicht.“ Sie konnten ja nicht wissen, dass Pieks auf Amerikanisch „Peiks“ ausgesprochen wird.
„Ihr seid eben noch nicht in Amerika gewesen“, sagte die Mücke Pieks. „Ich muss noch mein Gepäck holen. Ihr könnt ja schon ein Taxi bestellen.“

Xx

Der Xaver und die Xenia

O-bibbele-babbele-bix,
Was gibt es für Namen mit **X**?
O-pippele-pappel-palaver,
Ich kenne in **Xanten** den **Xaver**.
Man kennt ihn im ganzen Land,
Weil er eine **Xenia** fand.

Die Äolsharfe

Als der Hase Puschelschwanz mal wieder Geburtstag hatte, standen auf dem Geburtstagstisch allerlei Geschenke. Die Hasenkinder Stummelchen und Pummelchen hatten für ihren Vater bunte Bilder gemalt und kleine Hasen aus Stroh gebastelt. Und darüber hat sich der Hasenvater sehr gefreut.

Aber da war noch ein großes Paket mit einer roten Schleife. Das hatte seine Frau, die Puschelschwänzin, gepackt.

„Was mag da drin sein?“, fragte der Hase Puschelschwanz.

„Ja, schau mal nach“, sagte die Puschelschwänzin.

„Ja, was ist denn das?“, fragte Puschelschwanz, als er das Paket ausgepackt hatte.

„Das ist eine Äolsharfe“, sagte seine Frau, „die habe ich beim Versandhaus Hasenquelle bestellt. Im Katalog stand, dass sie ganz schöne Musik macht, wenn der Wind weht.“

Puschelschwanz wusste nicht so recht, ob er so was brauchen könnte, aber er sagte „wie schön!“ und „vielen Dank!“ und machte die Äolsharfe gleich an der Spitze eines kleinen Baumes fest.

Dann spitzte die ganze Hasenfamilie die Ohren. Aber die Äolsharfe blieb stumm.

„Vielleicht weht nicht genug Wind“,

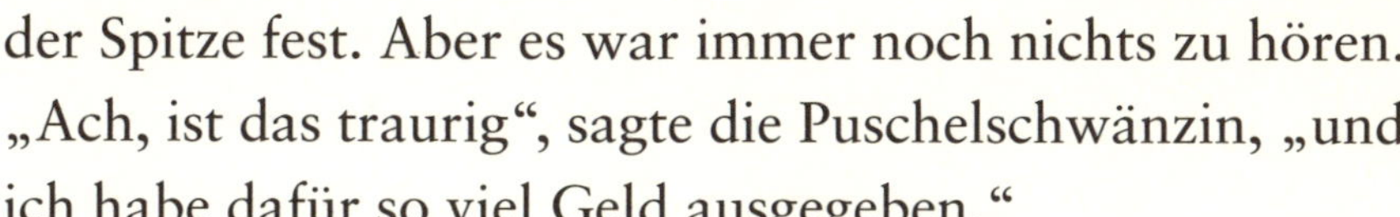

sagte die Puschelschwänzin. „Oder wir müssen einen höheren Baum suchen."
Gesagt, getan, der Hase Puschelschwanz kletterte auf eine hohe Tanne und machte die Äolsharfe an der Spitze fest. Aber es war immer noch nichts zu hören.
„Ach, ist das traurig", sagte die Puschelschwänzin, „und ich habe dafür so viel Geld ausgegeben."
„Dann müssen wir eben auf den Wind warten", sagte Puschelschwanz.
Ja, so saßen sie dann am Geburtstagstisch, schauten ab und zu hinauf zu der stummen Äolsharfe und trösteten sich mit dem Kuchen, den die Puschelschwänzin gebacken hatte.
In der Nacht, als die Familie Puschelschwanz schlief, begann der Wind zu wehen. Die Haseneltern wachten auf und hörten plötzlich die Äolsharfe singen.
„Hörst du die Äolsharfe?", fragte die Puschelschwänzin ihren Mann.
„Ja, sie macht wunderschöne Musik", sagte Puschelschwanz.
Aber der Wind wurde stärker und immer stärker, und schließlich war Sturm und die Äolsharfe heulte wie eine Schiffssirene. Erst wachten Stummelchen und Pummelchen auf und dann auch die anderen Tiere des Waldes. Da versammelten sie sich alle beim Hasenhaus, die Rehe, die

Hirsche und die Wildschweine, und fragten: „Was ist denn das für ein Lärm? Da kann ja kein Tier schlafen!"
„Das ist eine Äolsharfe", sagte der Hase Puschelschwanz, „die hat mir meine Frau zum Geburtstag geschenkt."
„Kann man die nicht abstellen?", fragten die anderen Tiere.
„Nein, die kann man nicht abstellen", sagte Puschelschwanz. „Die kann man nur runterholen. Aber jetzt in der Nacht und bei diesem Sturm kann ich da nicht raufklettern."
„Wo ist denn das Eichhörnchen?", fragte ein Wildschwein. „Das kann doch auch bei Sturm in den Bäumen klettern."
„Ja, wo ist das Eichhörnchen", sagte Puschelschwanz, „ruft mal alle: Eichhörnchen!"
„Eichhörnchen! Eichhörnchen!"
Da kam es angehoppelt. „Ja, was ist denn los?"
„Du musst die Äolsharfe runterholen", sagte der Hase Puschelschwanz, „die macht ja einen Lärm, dass kein Tier im Walde schlafen kann."
„Kein Problem", sagte das Eichhörnchen, kletterte auf die Tanne und holte die Äolsharfe runter.
„So, jetzt können wir endlich schlafen", sagten die Tiere und gingen wieder auseinander.
Am nächsten Morgen beim Frühstück fragte Puschelschwanz seine Frau: „Und was machen wir jetzt mit der Äolsharfe?"
„Vielleicht nimmt das Versandhaus Hasenquelle sie zu-

rück“, sagte die Puschelschwänzin, „ich habe so viel Geld dafür ausgegeben. Und sie griff gleich zum Telefon und rief im Versandhaus Hasenquelle an. Aber dort wollte man die Äolsharfe nicht zurücknehmen. „Gekauft ist gekauft“, sagte jemand am Telefon.

Puschelschwanzens haben noch drei Tage darüber nachgedacht, was sie mit der Äolsharfe anfangen könnten. Dann haben sie beschlossen, sie dem Förster zu schenken. Und der hat sich sehr darüber gefreut. Ihn stört es auch nicht, wenn die Äolsharfe bei Sturm heult wie eine Schiffssirene. Denn er ist schon ein bisschen schwerhörig.

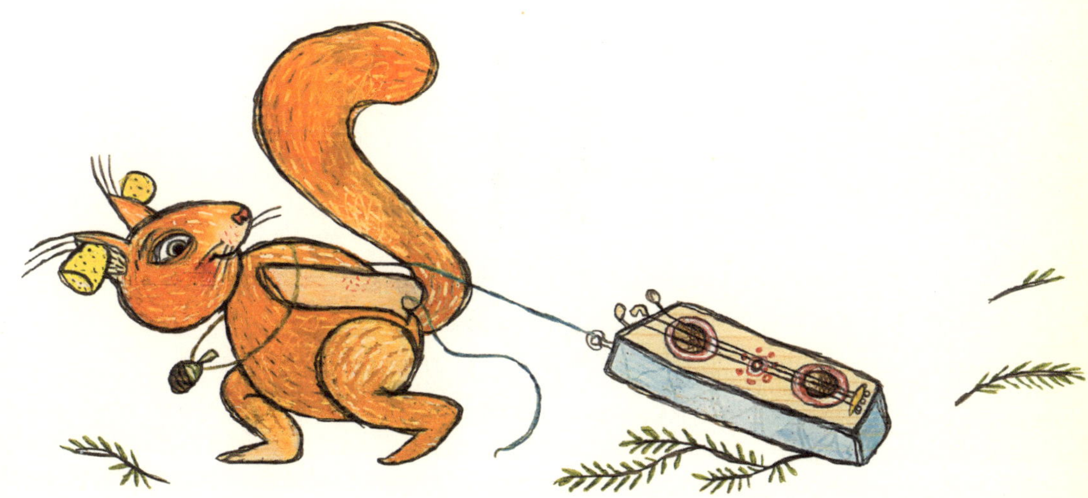

Yy

Das Ypsilon

Ich bin das schlanke **Ypsilon**,
Ich bin der Anfang von **Yvonne**.
Sonst braucht man mich so gut wie nie.
Meist schreibt man i, ie und ü.
Ihr denkt, ich wäre eine Niete?

Oh nein, bin schön wie eine Blüte,
Bin selten wie ein Edelstein
Und stehe fest auf einem Bein.
Ich klinge wie ein heller Ton!
Ich bin das edle **Ypsilon**.

Der gekränkte Fuchs

Zu seinem 80. Geburtstag hatte der Förster nur zwei Gäste eingeladen: den Hasen Puschelschwanz und den Fuchs Schlitzohr. Die Försterin hatte ein leckeres Essen gekocht, das allen gut schmeckte.

Aber als der Förster den Rotwein in die Gläser goss, gab es Ärger.

Der Wein gluckerte nämlich eine Melodie, die dem Fuchs bekannt vorkam. Es war die Melodie des Liedes „Fuchs, du hast die Gans gestohlen“:

gluck gluck gluck gluck
gluck
gluck
gluck
gluck

Ihr wisst ja, wie der Text geht.
Da stand der Fuchs auf und verabschiedete sich, denn er dachte, der Förster wollte ihn ärgern.
Der Hase Puschelschwanz rannte hinter dem Fuchs her und wollte ihn zurückholen. „Das hat der Förster doch nicht so gemeint", sagte er. Aber der Fuchs war beleidigt und lief nach Hause.
Als der Hase ins Försterhaus zurückkam, sagte der Förster: „Wir hätten keinen Rotwein, sondern Milch trinken sollen." Denn nur bei Rotweinflaschen hört sich das Gluckern wie „Fuchs, du hast die Gans gestohlen" an.
Ihr könnt es ausprobieren, wenn ihr eine leere Rotweinflasche mit Wasser füllt und wieder ausgießt. Die Flasche gluckert bei den ersten Tropfen die Melodie dieses Liedes.
Eigentlich hätte der Förster das wissen müssen, denn es war nicht die erste Flasche, die er öffnete. Nur dass Füchse so schnell beleidigt sind, das konnte er wirklich nicht wissen.
Daraus ist zu lernen: Wenn ihr zu eurem Geburtstag mal einen Fuchs zu Gast haben solltet, darf es keinen Rotwein

geben. Oder ihr müsst das erste Glas schon draußen in der Küche einschenken, damit der Fuchs das Gluckern nicht hört. Sonst ist der Fuchs gekränkt und geht.

Übrigens ist es dann im Forsthaus doch noch ganz gemütlich geworden. Und mit dem Fuchs hat sich der Förster am nächsten Tag auch wieder vertragen.

Zz

Die Ziege im Zimmer

Im Zimmer war mal eine **Ziege**,
Die schlief in einer Puppenwiege.
Hat alle Tage laut gemeckert
Und hat den Teppich voll gekleckert,
Auch den **Zylinder** voll geschissen.
Da hat sie der Vater rausgeschmissen.

Die starken Weihnachtsengel

Wisst ihr, was sich der Großvater zu Weihnachten gewünscht hat? Ein Klavier. Als der Weihnachtsmann den Wunschzettel des Großvaters las, stöhnte er und sagte: „Wie soll ich denn das Klavier tragen? In den Rucksack passt es nicht hinein. Und es ist ja auch viel zu schwer, um es ins Haus zu tragen. Ja, ich kriege es gar nicht erst auf den Schlitten."

Und so schrieb der Weihnachtsmann dem Großvater einen Brief und fragte, ob es nicht etwas Kleineres sein dürfte. Aber der Großvater war eigensinnig und bestand darauf, dass er zu Weihnachten ein Klavier haben wollte. Und das schrieb er dem Weihnachtsmann.

Da gab der Weihnachtsmann eine Anzeige in der Himmelszeitung auf: „Starke Engel gesucht, die ein Klavier tragen können". Und da meldeten sich eine ganze Menge arbeitsloser Engel beim Weihnachtsmann und besuchten ihn in seinem Haus im Walde. Natürlich kamen sie bei Nacht angeflogen, damit die Menschen sie nicht sahen. Und der Weihnachtsmann machte den Kamin an, damit die Engel nicht froren. Das waren nun nicht so schlanke Engel, wie ihr sie von Bildern kennt. Nein, die waren schön dick und kräftig, und man sah ihnen gleich an, dass sie schwere Sachen tragen konnten.

Ja, und dann ließ der Weihnachtsmann sie mal an seinem Klavier probieren, ob sie auch wirklich so stark waren, wie sie aussahen. Der Weihnachtsmann hat natürlich auch ein Klavier in seinem Haus, damit er das Jahr über Weihnachtslieder üben kann. Und so trugen die Engel das Klavier in der Stube hin und her und zeigten, dass sie Muskeln hatten. Natürlich waren die einen etwas stärker und die anderen etwas schwächer, aber der Weihnachtsmann bestellte sie alle auf Weihnachten wieder. „Dann könnt ihr euch beim Tragen abwechseln", sagte er.
Ja, und zu Weihnachten waren die dicken Engel alle wieder da und halfen dem Weihnachtsmann das Klavier aus der Werkstatt zu holen und auf den Schlitten zu laden. Natürlich konnten nicht alle Engel auf dem Schlitten mitfahren, das hätten die Hirsche nicht ziehen können. Aber die Engel, die nicht auf den Schlitten passten, flogen hoch in der Luft hinterher.
Und so kamen sie zum Haus des Großvaters und luden das Klavier gemeinsam ab und trugen es ins Haus. Bei Nacht und leise-leise, damit der Großvater nichts merkte. Denn es sollte ja eine Überraschung sein, dass am Weihnachtsabend wirklich ein Klavier neben dem Tannenbaum stand.
Aber auf den Großvater wartete noch eine Überraschung. Als die Engel das Klavier im Zimmer aufgestellt hatten, waren sie vom Tragen so müde, dass sie auf der Stelle einschliefen. Während der Großvater oben in seinem Zimmer

schlief, lagen unten in der Wohnstube lauter schlafende Engel herum.

Und der Weihnachtsmann, der mit seinem Schlitten schon weitergefahren war, wunderte sich, dass die Engel nicht wiederkamen. Er brauchte sie auch sonst noch als Hilfe, denn er hatte auch in anderen Häusern noch schwere Sachen abzuliefern. „Wo bleiben sie bloß, wo bleiben sie bloß?“, brummte er immer wieder in seinen Bart.

Schließlich drehte er um und fuhr zurück zum Haus des Großvaters und klingelte an der Haustür.

Der Großvater war noch ganz verschlafen, als er die Tür

öffnete. „Nanu“, sagte er, „sind Sie der Weihnachtsmann persönlich?“
„Ja, der bin ich“, sagte der Weihnachtsmann, „ich wollte fragen, ob Sie meine Engel gesehen haben.“
Da lachte der Großvater. „Wie sehen die denn aus?“, fragte er.
„Dick und kräftig“, sagte der Weihnachtsmann.
„Nein, die habe ich nicht gesehen“, sagte der Großvater.
Der Weihnachtsmann dachte eine Zeit lang nach. Dann sagte er: „Darf ich selbst mal nachsehen?“
„Bitte sehr“, sagte der Großvater und ließ den Weihnachtsmann herein.
Ja, und dann kam die große Überraschung. Als sie die Tür zum Wohnzimmer öffneten, sahen sie die Bescherung: Das ganze Zimmer war voller schlafender Engel.
„He, ihr Schlafmützen!“, rief der Weihnachtsmann. „Wollt ihr wohl aufwachen! Es gibt noch viel zu tun!“
Da rappelten sich die Engel auf und rieben sich die Augen. Und dann rannten und flatterten sie so schnell, wie sie konnten, aus dem Haus.
Der Großvater rieb sich auch die Augen. „Habe ich da wirklich eben lauter Engel gesehen?“, fragte er sich. „Oder habe ich das geträumt?“
Aber dann sah er das Klavier und schlug ein paar Töne an. „Wirklich, es ist wahr. Da ist ja das Klavier, das ich mir gewünscht habe.“

Und dann fing er an darauf zu spielen und übte sich ein paar Weihnachtslieder ein.
Als abends der Tannenbaum brannte und Großvaters Kinder und Enkelkinder kamen und Weihnachtslieder sangen, konnte er sie schon auf dem neuen Klavier begleiten. Und nachher hat er ihnen die Geschichte von den starken Engeln erzählt, die ihm das Klavier gebracht hatten.

Schlaflied

Schlaf ein, mein Kind, schlaf ein!
Ein Schiff fährt auf dem Rhein.
Es tutet die Sirene,
Da freuen sich die Schwäne.
Schlaf ein, mein Kind, schlaf ein!

Schlaf ein, mein Kind, schlaf ein!
Ein Schiff fährt auf dem Rhein.
Es fällt viel Brot vom Tische,
Da freuen sich die Fische.
Schlaf ein, mein Kind, schlaf ein!

Schlaf ein, mein Kind, schlaf ein!
Ein Schiff fährt auf dem Rhein.
Das Schiff hat weiße Segel,
Da freuen sich die Vögel.
Schlaf ein, mein Kind, schlaf ein!

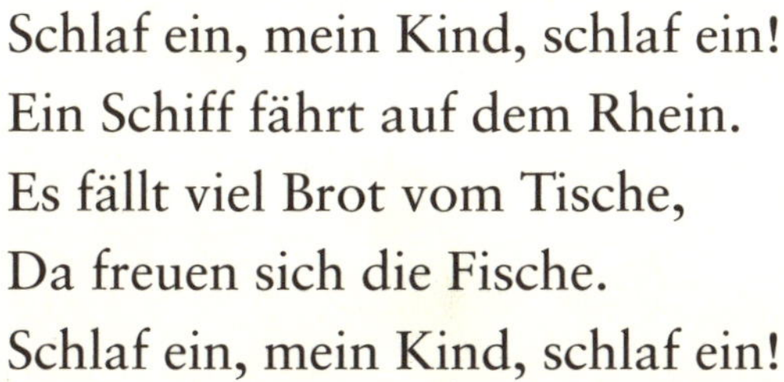

Schlaf ein, mein Kind, schlaf ein!
Ein Schiff fährt auf dem Rhein.
Die Lüfte wehn gelinder,
Da freuen sich die Kinder.
Schlaf ein, mein Kind, schlaf ein!

Schlaf ein, mein Kind, schlaf ein!
Ein Schiff fährt auf dem Rhein.
Am Himmel stehn die Sterne,
Die haben dich so gerne.
Schlaf ein, mein Kind, schlaf ein!